학교가 학교답게 되려면
교육청은 어떻게 바뀌어야 할까?

― 학교 자율화를 위한 교육청 혁신 방안 연구 ―

학교가 학교답게 되려면 교육청은 어떻게 바뀌어야 할까?
- 학교 자율화를 위한 교육청 혁신 방안 연구 -

지은이   강소향 신혜영

발 행   2018년 10월 17일
펴낸이   김영식 김정태
펴낸곳   좋은교사운동 출판부
출판등록번호   제2000-34호
주 소   서울특별시 관악구 남부순환로 218길 36, 4층
전 화   02-876-4078
이메일   admin@goodteacher.org

ISBN   978-89-91617-52-0   03370

www.goodteacher.org
ⓒ 강소향 신혜영 2018

좋은교사 연구실천 프로젝트 X

18

학교가 학교답게 되려면 교육청은 어떻게 바뀌어야 할까?

학교 자율화를 위한 교육청 혁신 방안 연구

강소향 신혜영

좋은교사

교육 난제는 현장 교사가 풉니다!

임진왜란 때 선조가 이순신에게 총공격을 명령했지만 이순신은 적의 유인 전략이라 판단하여 공격하지 않았던 일이 있습니다. 이로 인해 이순신은 관직을 박탈당했고, 대신 출정한 원균의 군대는 전멸하고 맙니다. 현장의 상황을 모르고 내린 결정이 얼마나 어처구니없는 것인지를 보여주는 사례입니다.

"초등학교 사회 교과서는 대학생 교재보다 어렵습니다. 왜냐하면 그 많은 내용 요소를 압축적으로 구겨 넣어 놓았기 때문이죠. 이런 교과서를 만든 사람이 한번 가르쳐보라고 하고 싶네요."

수업에서 학생들에게 배움의 기쁨을 누리게 하고 싶다는 것은 모든 교사들의 소망이지만 현장의 상황을 모르고 내려오는 교육과정과 각종 사업 등 수많은 장애물들이 우리의 발목을 붙잡고 있습니다.

"현장에 답이 있다"는 말을 많이 합니다만 교육정책을 좌우하는 관료, 교수, 정치인들은 현장 교사들의 목소리를 귀담아 듣지 않습니다. 이렇게 된 데에는 우리가 교육전문가로서의 교사의 역할을 적극적으로 찾지 못한 책임도 없지 않습니다.

이제 현장의 교육전문가인 우리 교사가 나서야 합니다. 우리 교육에는 수많은 난제가 산처럼 버티고 있습니다. 우공이산(愚公移山)의 결기로 우리 모두가 이와 씨름하는 일이 개미떼처럼 집단적으로 일어나야 합니다. 그러한 노력들이 격려되고, 공유되고, 확산될 때 우리 교육은 아래로부터 변화되어갈 것입니다. 이 과정은 교육전문가로서의 교사 성장에 큰 도전이 될 것입니다. 이를 통해 수동적 전달자가 아닌 능동적 연구실천가로 성장하게 될 것입니다.

좋은교사운동은 우리 교육의 난제를 현장 교사들의 힘으로 풀어나가는 프로젝트를 시작했습니다. 이름하여 "좋은교사 연구실천 프로젝트 X"입니다. X는 난제를 뜻합니다. 이제 X를 붙들고 고민한 결과가 세상에 모습을 드러냈습니다. 그 동안 바쁜 학교생활 가운데서도 시간을 쪼개어 문제와 씨름하는 노고를 감당하신 선생님과 멘토와 행정적인 모든 수고를 감당해주신 사무실의 간사님들과 연구위원장 조창완 선생님께 존경과 감사의 뜻을 전합니다.

- 사단법인 좋은교사운동

‖목 차

I. 왜 이런 연구를 할까?

1. 교육청 혁신 방안 연구가 필요한 이유

우리 교육의 문제가 어디에 있냐는 질문을 했을 때, 많은 사람들이 입시 위주 교육, 학벌중심 사회를 떠올립니다. 1960~70년대부터 나오던 이야기니까 30~40년이 지나도 해결되지 않은 문제네요. 물론 여러 차례 대학 입시 제도를 바꾸고 사회 정책을 시행하면서 조금씩은 개선해나가고 있지만, 완전히 해결되기 위해서는 아직도 갈 길이 멉니다. 어쨌거나 입시 위주 교육을 벗어나기 위해서는 정책을 어떻게 시행하건 학교 현장이 변해야겠죠. 학교가 정말 학교답게, 학생들이 즐겁게 공부하며 자신의 삶을 만들어 갈 힘을 주는 곳이 되려면 어떻게 해야 할까? X프로젝트의 주제를 정할 때, 우리가 고민한 점도 이 부분이었습니다.

학교가 즐거운 배움의 터전이 되도록 만드는 방법 역시 다양하게 접근할 수 있을 겁니다. 그 중에서 우리는 학교를 학교답지 못하게 만드는 업무에 주목했습니다. 교사들이 흔히 '잡무'라고 부르는 것들. 수업과 별로 관계없이, 그저 위에서 하라고 하니까 하게 되는 업무들. 이런 업무들만 다 없애도 교사는 더 많은 시간을 수업 개선과 학급 운영에 사용할 수 있을 겁니다. 그러면 자연스럽게 학교 현장도 더 긍정적으로 바뀌지 않을까요? 최소한, 교사의 마음을 여유 있게 해 주어 학생들에게 말 한 마디라도 평범하게, 괜한 업무 스트레스 때문에 생긴 엉뚱한 짜증을 담지 않도록 할 수 있을 겁니다.

학교에서 잡무가 없어져도 큰 변화는 없을 거라고 생각하는 사람들도 물론 있을 겁니다. 시간이 생기면 홈쇼핑, 주식 같은 일로 소일이나 할 것이라는 이야기도 들립니다. 그 정도가 무슨 수업에 지장을 주냐, 회사와 비교해 보면 교사는 일을 하는 축에도 못 낀다고 비판하는 사람들도 있겠죠. 하지만 그렇게 생각하는 건 우리 문화가 전반적으로 경쟁과 업적만 중시하다 보니 여유와 쉼의 가치를 폄하해왔기 때문에 나오는 비판으로 보입니다. 성과를 내야만 살아남는 기업에서도 이제는 쉼의 중요성을 깨닫고 휴가를 강제하고 있습니다. 사람다운 사람을 기르는 것을 목표로 하는 교육계에서는 어때야 하겠습니까?

처음에는 시간적 여유를 자신의 소일거리에 쓰는 사람이 당연히 많을 수 있습니다. 하지만 그러면서 마음의 여유도 같이 생깁니다. 한국에서 가장 많이 교육받은 엘리트 집단이 교사입니다. 더구나 매일 학생들을 만나서 이야기하고 뭔가를 가르치다 보면 자연스럽게 수업과 학급, 상담에 관심이 없을 수 없습니다. 시간적 여유, 마음의 여유는 고스란히 학생들에 대한 관심으로 돌아갑니다. 물론

100퍼센트의 교사가 그렇게 시간을 교육적으로 알차게 보내지는 않겠죠. 어느 집단에나 불성실한 사람은 존재하니까요. 하지만 그러한 여건을 조성해주는 것이 중요하다고 생각합니다. 곳간에서 인심 난다는 말이 괜히 나온 건 아니죠.

교사 개인 차원에서 다양하게 새로운 수업을 시도하고, 더 평화로운 학급을 만들기 위해 노력하는 과정에서 마음에 맞는 동료를 만나게 되면 자연히 함께 의논하는 공동체를 만들게 됩니다. 그러다 보면 교과 차원, 학년 차원에서 새로운 아이디어도 나오게 되고 함께 시도할 수 있는 용기를 내며 구체적인 계획을 하게 됩니다. 이런 움직임이 커지면 학교 차원에서 해볼 만한 사업이 진행되기도 할 겁니다. 우리가 항상 꿈꾸는 자율적인 학교 문화가 형성되는 것이죠.

이런 모습의 기초에 바로 잡무 없애기가 있는 겁니다. 그렇다면 잡무를 만드는 건 무엇인가? 여기에도 여러 원인이 있고 학교 차원에서 업무를 재구조화할 필요가 당연히 있습니다만, 공문 처리나 하달 식 사업이 많은 것은 교육청의 책임이 큽니다. 오죽하면 교사들이 '교육청이 없어져야 한다.'는 말을 공공연히 할까요. 교육청이 학교로 시책 사업을 하도록 강제하지 않고, 불필요한 공문을 보내지 않고, 알 수 없는 각종 대회나 회의에 참석을 요구하지 않기만 해도 잡무는 대폭 줍니다.

그렇게 해서 이 연구가 시작했습니다. 학교의 자율성을 지원할 수 있도록 교육청의 업무를 혁신하는 방향을 찾는 것입니다.

2. 연구의 내용

우리의 목적에 맞게 연구를 하기 위해서 먼저 이론적으로 교육청이 어떤 일을 하기 위해 만들어졌는가를 찾고 교육청의 설립 근거를 통해 교육감의 역할에 대해 살펴보았습니다. 교육청 혁신을 위해서 어떤 선행연구가 있었는지도 대략 검토했습니다.

그 다음으로, 현재 교육청이 대체 무슨 업무를 하고 있는지 분석해야 했습니다. 교육청에서는 무슨 일을 하기에 그렇게 학교에 일을 시키는 걸까요? 그 일은 정말 교육적으로 필요한 일일까요? 학교가 자율적으로 알아서 할 수 있는 일은 아닌가요? 우리는 서울시 교육청의 세부업무를 분석하여 그것이 얼마나 학교 업무와 연관성이 있는지 평가했습니다. 이 과정에서 학교와 교육청이 어떤 관계를 맺고 있는지 살피며, 각각의 업무들이 학교 자율화에 어떤 도움을 주고 있는지 평가하여 교육청 업무의 재구조화를 촉진하고 싶습니다.

또한, 서울시 교육청의 정책 사업은 교육감의 공약 때문에 시행됩니다. 이 사업들은 교육감의 교육적 가치관을 바탕으로 선정되는데, 서울시 전체 학교의 교육 방향을 정하는 측면이 있기에 중요합니다. 그런데 이 사업 때문에 학교에는 오히려 새로운 부담을 얻는 것이 아닐까요? 따라서 이 핵심 정책 사업에 대해서도 학교를 정말 지원해주는 것인가의 관점에서 평가해볼 것입니다.

이러한 분석 및 평가와 함께, 이미 자율성을 가지고 학교의 변혁을 위해 앞장서서 노력하고 있는 혁신학교에서는 교육청에서 어떻게 지원해주길 바라는지를 알아보았습니다. 또한 교육청 혁신을 담당하고 있는 장학사와의 인터뷰를 통해서 교육청 내부에서는 어떤 방향의 교육청 혁신을 생각하는지 들어 보았습니다. 이를 통해 우리는, 학교가 이루어야 할 교육적 목적을 제대로 실현시킬 수 있도록 학교를 지원하는 방향으로 교육청이 혁신할 수 있는 방안을 찾고자 합니다.

3. 연구 방법과 제한점

이 연구는 문헌 연구가 중심이 되었습니다. 교육청의 정책과 혁신 방안에 대한 문헌을 연구하고 관련 공문과 기존 연구자료 및 토론집을 분석하고 운영 실태를 정리했습니다. 현행 서울시 교육청의 세부 업무 분장을 통해 교육청의 업무를 분석하고 평가했습니다.

교육청의 업무가 워낙 방대하여 어떤 방식으로 업무를 평가할까 걱정했는데 다행히 연구자들이 2017년 서울시 교육청에서 운영한 '서울교육정책 현장평가단'에 지원하여 활동할 수 있었기에, 관련 자료를 얻고 다른 평가단과 함께 세부 업무의 필요성에 대해 토의하며 평가에 도움을 받을 수 있었습니다. 그러나 대부분의 세부 업무를 평가할 때는 저희의 주관적인 판단이 많이 작용하였습니다. 업무와 관련된 모든 분들의 이야기를 들을 수는 없었기에 학교 현장에서 일반적으로 생각할 수 있는 수준의 직관적 평가라는 점을 양해해주시기 바랍니다.

IV장의 내용은 교육청 혁신 업무를 맡고 있는 장학사 및 혁신학교에 계신 선생님과 직접 면담한 내용을 담은 것입니다. 이분들은 평소 학교의 자율성을 위해 어떻게 교육청이 변화해야 하는지 생각해오셨기에 충분히 연구 자료가 된다고 생각합니다. 면담을 통한 연구는 객관적인 방식으로 연구 결과를 검증할 수 없다는 한계가 있습니다. 하지만 실제 업무 담당자와 교사의 목소리를 담는 것도 중요하다고 생각하여 이러한 방식을 택했습니다.

사실상 저희 연구는 객관적인 결과물을 내기 어렵고, 단지 현행 업무의 분석과 평가를 통해 앞으로의 길을 모색할 뿐입니다. 학교의 자율성을 살리고 지원하는 방향으로 교육청의 업무가 재조정되어야 한다는 것은 이미 많은 분들이 동의하고 있습니다. 저희는 여기에 현장 교사의 생각을 더하고 싶습니다. 이 연구를 통해 교육청이 나아갈 방향을 더욱 구체화하고 교육청 혁신의 동력을 잃지 않도록 독려할 수만 있다면 소기의 성과를 냈다고 자평할 수 있을 것 같습니다.

II. 그 동안 어떤 연구가 있었지?

1. 교육청과 교육감

우리는 교육청이 너무나 당연하게 존재하기 때문에 교육청이라는 존재가 있어야 한다고 생각합니다. 그렇지만 교육청은 왜 있어야 하는 걸까요? 이미 행정기관인 교육부가 있어서 국가 차원의 정책을 시행하고 있는데 학교 위에 또 뭔가 다른 기관이 있어서 그것을 감독하고 조율할 필요가 있을까요?

시·도교육청을 설립하는 법률적 근거는 〈지방교육행정기관의 행정기구와 정원기준 등에 관한 규정〉에 관한 대통령령에 나타나 있습니다. 이것을 보면 '시·도교육청이란 교육감을 보조하는 기관 및 교육감 소속으로 설치된 기관'을 말하며, '본청'이란 '시·도 교육청의 기관 중 직속기관 등을 제외하고 교육감을 직접 보조하는 기관'입니다.[1] 또한 〈지방교육자치에 관한 법률(약칭: 교육자치법)〉 제3

---

1) 지방교육행정기관의 행정기구와 정원기준 등에 관한 규정
  [시행 2017.6.14.] [대통령령 제28013호, 2017.5.8., 일부 개정]
  제1장 총칙 제2조(정의) 이 영에서 사용하는 용어의 뜻은 다음과 같다. 〈개정

장 18조는 시·도의 교육·학예에 관한 사무의 집행기관으로 시·도에 교육감을 두며 국가행정사무 중 시·도에 위임하여 시행하는 사무로서 교육·학예에 관한 사무는 교육감에게 위임하여 행한다고[2] 명시하고 있습니다.

즉 교육청은 지방의 교육자치를 위해 만들어진 기구이며, 해당 지방의 교육감이 실현하려는 교육 정책을 보조하는 것이 설립 목적이라는 것을 알 수 있습니다.

그렇다면 우리가 생각하는 대로 학교 자율성을 증진하기 위해 교육청을 혁신하는 핵심 권한은 무엇보다 교육감에게 있다는 것도 알 수 있습니다. 일반적으로 교육청을 혁신하기 위한 정책은 법률 제

2014.6.11., 2016.12.13.〉

1. "지방교육행정기관"이란 특별시·광역시·특별자치시·도 및 특별자치도(이하 "시·도"라 한다)의 교육·학예에 관한 사무를 담당하기 위하여 설치된 행정기관으로서 그 관할권이 미치는 범위가 일정 지역에 한정되는 기관을 말한다.

2. "시·도 교육청"이란 교육감을 보조하는 기관 및 교육감 소속으로 설치된 기관을 말한다.

3. "본청"이란 시·도 교육청의 기관 중 직속기관 등을 제외하고 교육감을 직접 보조하는 기관을 말한다.

4. "교육지원청"이란 시·도의 교육·학예에 관한 사무를 분장하기 위하여 1개 또는 2개 이상의 시·군·자치구를 관할구역으로 하여 설치된 「지방교육자치에 관한 법률」(이하 "법"이라 한다) 제34조에 따른 하급교육행정기관을 말한다.

2) 지방교육자치에 관한 법률 (약칭: 교육자치법) [시행 2017.7.26.] [법률 제14839호, 2017.7.26., 타법개정] 교육부(지방교육자치과), 044-203-6315

제3장 교육감
제1절 지위와 권한 등
제18조(교육감) ①시·도의 교육·학예에 관한 사무의 집행기관으로 시·도에 교육감을 둔다.
②교육감은 교육·학예에 관한 소관 사무로 인한 소송이나 재산의 등기 등에 대하여 당해 시·도를 대표한다.
제19조(국가행정사무의 위임) 국가행정사무 중 시·도에 위임하여 시행하는 사무로서 교육·학예에 관한 사무는 교육감에게 위임하여 행한다. 다만, 법령에 다른 규정이 있는 경우에는 그러하지 아니하다.

정이나 이해 당사자 간의 의견 조율 등의 복잡한 과정을 거쳐야 하는 매우 어려운 과업으로 이해하기 때문에, 교육감 선출이 곧 교육청 혁신과 직결된다는 점을 놓치기 쉽습니다. 실제로 학교 자율성 증진을 위해 교육청을 혁신할 경우 추가적인 법률 정비나 입법과정 혹은 갈등 조정 등 교육청 혁신에 필요한 부수적인 작업이 필요하죠. 그러나 위 규정들은 이러한 과정을 진행하면서 교육청을 혁신해 나갈 당사자는 교육감이며, 시·도민들은 교육감을 선출할 때 전폭적인 지방교육자치 권한을 위임한 것임을 나타냅니다.

교육감의 지방교육자치에 대한 법적 권한이 이렇게 크다는 것을 염두에 둔다면, 교육감이 교육청 혁신에 대해 강력한 의지를 갖고 있을 경우 쉽게 이루어질 수 있겠죠? 그러면 그 동안 선출된 교육감이 학교 자율화에 대해 어떤 인식을 지니고 있는지 살펴볼까요? 김경회(2012)[3]는 학교 자율화에 대한 교육청과 단위학교의 인식을 분석하기 위하여 2010년 전국의 16개 시·도 교육감과 2000명 학교장을 대상으로 설문조사를 실시하였고 그 중, 15명의 교육감과 968명의 학교장이 설문에 응했습니다.

이 연구에서 교육부에서 추진하는 학교 자율화 정책 방향에 대하여 조사한 결과, 15명의 교육감은 '잘못 설정(매우 잘못 설정 포함)'했다는 쪽에 53.4%, '잘 설정'했다는 쪽에 46.7%로 답했습니다. '잘못 설정'되었다고 응답한 경우 그 이유를 3순위까지 선택하게 하였는데, '학교 자율화 정책이 획일적이고 타율적인 지시로 이

---

3) 김경회, 박수정(2012). 학교 자율화에 대한 교육감과 학교장의 인식 분석. 지방행정연구26(1), 249-270. 박수정(2014). 한국 지방교육자치 연구. 학지사. 재인용

루어짐'(14점)이 가장 많았고, '학교장 권한만 강화, 학내 구성원의 참여 확대는 소홀'(10점)과 '자율권 확대 폭이 너무 적음'(10점)이 각각 2위로 나타났습니다.

이 조사가 흥미로운 점은, 일단 전국의 시·도 교육감이 학교 자율화 정책에 100% 공감하고 있다는 것입니다. 학교 자율화 정책 방향이 잘못 설정되었다고 답한 경우는 학교 자율화 정책 자체에 부정적인 입장을 취하는 것이 아니라, 오히려 획일적이고 타율적인 지시 형태로 자율화 정책이 시행되는 것을 비판하고 학교장 뿐 아니라 학교 구성원 모두의 참여가 확대되는 방향으로 나아가야 한다고 대답한 것을 보십시오. 이들 교육감들이 '말로만' 하는 자율화 정책이 아니라 더욱 발전된 형태의 학교 자율화 정책 방향을 기대하고 있는 것으로 해석할 수 있다는 뜻이니까요.

그런데 학교 자율화를 정착시키기 위하여 필요한 선행 조건을 2개 선택하게 한 설문에서 교육감들은 '교장 등 학교 구성원의 자율 역량 강화'(46.7%)와 '교사 잡무 경감 및 수업부담 완화'(26.7%)를 꼽았습니다. 이것은 일반 교사들의 관점과 약간 다른데, 교육감(교육청)이 생각하는 학교 자율화 정책이 너무 단순한 수준이라는 생각을 하지 않을 수 없습니다. 당연히 이 결과처럼 학교 구성원들의 역량을 키우고 잡무를 경감하면 좋지만, 교사들이 생각하는 것은 교육청이 아예 학교 중심으로 재편되길 바라거든요.

학교 자율화를 지원하기 위한 교육청의 역할에 대해 교육감을 중심으로 한 교육청의 입장과, 교직원을 중심으로 한 학교현장 사이에 존재하는 관점의 차이를 더 명확히 알아보기 위해, 일반 교원 대상 조사 결과를 비교해 볼까요?

오재길 외(2015)[4]는 30회에 걸친 교원들과의 개별면담을 통해 교육지원청이 하기를 바라는 일과 교육지원청이 학교에 부담을 주는 일(또는 교육청이 하지 말았으면 하는 일)을 조사했습니다. 우선 교직원들이 바라는 교육지원청의 역할은 다양한 방면의 지원입니다. 즉 학교폭력처리 전담 지원, 갈등중재전문가 지원, 현장체험학습 지원, 부적응학생과 기초학력 부진학생 지원, 신규교사 연수 지원, 행정실무사 연수 등을 통한 업무 지원, 학교장과 교감에 대한 연수 지원, 교사들의 전문성 신장을 위한 연수 지원 등입니다.

교사들과의 이와 같은 면담 결과는 김경회(2012)의 연구에서 15개 시도 교육감이 학교 자율화를 정착시키기 위한 첫 번째 선행조건으로 '교장 등 학교 구성원의 자율역량 강화'가 전제되어야 한다고 말하는 것과 대조됩니다. 즉 교육감들이 학교 자율화를 위해 학교 구성원들의 자율역량 강화를 말할 때 교사들은 학교 자율역량 강화를 위해 교육청이 다양한 방면의 지원을 제공할 것을 기대하는 것이죠.

이러한 관점 차이는 15개 시도 교육감이 두 번째 선행조건으로 꼽은 '교사 잡무 경감 및 수업부담 완화'에 상응하는 교사들의 답변[5]에서도 확인할 수 있습니다. 교사들은 교육청과 교육지원청의

---

4) 오재길, 이수광, 정병오, 김은정, 홍섭근(2015). 교육지원청 혁신 방안 연구. 경기도 교육연구원.
5) 오재길 외(2015). P98.

첫 번째 개선할 점으로 '교육지원청은 그냥 가만히 있기'를 골랐습니다. 이는 교육청이나 교육지원청에서 실시하는 좋은 취지의 사업도 관료제 방식으로 사업을 추진하여 그 목적이 왜곡되는 경우가 많기 때문입니다. 이 외에도 과도한 안전업무, 일회성 실적주의 행사, 시도교육청 공문을 교육지원청이 그대로 학교에 보내는 것, 불친절하고 무책임한 행정, 비효율적 연수와 회의, 과도한 의전 각종 실적 보고, 뒤늦은 계획 알림과 예산 배정, 형식적 실적 요구, 형식적인 사업, 과도한 규제와 지시 등을 꼽고 있습니다.

이러한 결과에서 볼 수 있듯이, 교사들은 잡무의 증가 및 그에 따른 수업 부담 증가의 원인이 바로 교육청에 있다고 보는 것이며 이를 개선하기 위해 교육부 및 교육청 직원들의 인식 전환을 요구하고 있습니다. 하지만 교육감들은 학교 자율화 정착을 위해 필요한 선행요건으로 '교육부 및 교육청 직원들의 인식 전환'에 대해서는 단지 10%만 그 필요성에 대해 공감하고 있습니다.[6]

다시 김경회 외(2012)의 논의로 돌아와서, 단위 학교의 자율성이 낮은 이유에 대한 인식조사를 살펴보겠습니다. 단위 학교의 자율성이 낮은 이유에 대해 교육감과 학교장은 모두 '핵심 권한이 교육부와 교육청에 집중'되어 있다는 점을 높은 순위(교육감 2위, 교장 1위)로 응답했습니다. 그런데 교육감은 '구성원의 자율의지 부족'을 1위로 지목한데 반해, 학교장은 '교육청의 감사, 평가 등 간섭이 심

---

6) 김경회 외(2012). P231.

함'(2위), '규칙, 지침 등 행정규칙의 규제 과다'(3위) 등 상급 교육 행정기관의 권한 집중과 간섭을 높은 순위로 응답하여 미세하게 다른 입장 차이를 드러냈죠.

같은 연구에서 현장 교사의 입장과 동떨어져 있는 학교 자율화에 대한 교육감들의 입장은 '교육청과 학교의 권한 배분'에 대한 교육감의 인식조사에서 찾아볼 수 있습니다.7) 이 연구에서는 교육청의 학교운영 관여 수준을 5단계로 나누어 1단계 '지금보다 권한이 강화되어야 한다', 2단계 '일부 권한을 조정해야 한다', 3단계 '점진적으로 학교에 이양해야 한다', 4단계 '단위학교 차원에서 할 수 없는 사무에만 관여해야 한다', 5단계 '학교운영에 관해서 완전히 손을 떼야 한다'로 조사했습니다. 조사 결과, 교육감들은 2단계 '일부 권한을 조정해야 한다'와 3단계 '점진적으로 학교에 이양해야 한다'가 각각 46.7%로 높게 나타났습니다. 이에 반해 동일한 조사에서 학교 현장에서 교사들보다는 보수적인 입장을 지닐 것으로 생각할 수 있는 학교장들은 3단계 '점진적으로 학교에 이양해야 한다'가 44.6%, 4단계 '단위학교 차원에서 할 수 없는 사무에만 관여해야 한다'가 36.8%로 나타났습니다. 현장과 가까워질수록 한 단계 정도 더 자율권을 갖길 바란다고 봐도 무방하지 않을까요.

또한 교육청 행정권한을 학교로 이양하는 것의 필요성에 대해서 교육감은 '일부 이양'(73.3%)이, 학교장은 '많이 이양'(55.5%)을 가장 많이 선택했습니다. 역시 교육청의 학교 운영 관여와 교육청 권

---

7) 김경회 외(2012). P232, P240.

한의 학교 이양을 둘러싼 학교와 교육감 사이의 시각차를 보여주는 결과입니다.8) 학교는 교육청이 생각하는 것보다는 더 자율성을 원하고 있고, 교육청은 반대인 겁니다.

이러한 연구를 살피면서 우리는 교육청은 지방교육자치를 실현하기 위해 교육감이 하는 일을 보조하기 위해 설립된 기관이라는 것, 따라서 교육청을 혁신하는 핵심 권한은 교육감에게 있음을 알게 되었습니다. 또한 교육청이 학교 자율화를 위해 혁신해야 한다는 것은 대다수의 교육감이 동의하고 있지만, 학교 자율화 정책을 위하여 필요한 선행조건이나 교육청의 학교 운영 관여 수준, 교육청 행정권한의 학교 이양 수준, 단위 학교의 자율화 수준이 낮은 이유 등에서 교육감과 학교 현장의 인식 사이에는 관점의 차이가 존재함을 알았습니다. 교육감(교육청)은 학교에 권한을 덜 주기 원하지만, 학교 현장에서는 교육청의 권한을 더 주기 원한다는 사실입니다.

2. 교육청 혁신 방안에 대한 기존 연구

그렇다면 다른 사람들은 교육청을 어떻게 혁신해야 한다고 생각해 왔을까요? 찾아보니, 교육청이 학교를 지원하는 업무로 바뀌기 위해 어떻게 해야 하는지를 밝히는 연구는 그리 많지 않았습니다.

---

8) 김경회 외(2012). P232.

정부 조직의 혁신을 꾀하는 차원에서 행정 기능이 어떻게 변화했는 가를 부산 교육청의 사례를 통해 밝히는 공정희(2010)[9]의 연구가 있었지만, 이 연구는 혁신기구팀이 설치되면서 나타난 변화를 보여 주는 데 그치고 있습니다. 교육청이라는 조직이 개편되면 바람직한 업무 변화를 가져올 수 있다는 시사점은 줄 수 있으나, 어떤 혁신 을 이루어야 하는가에 대한 답이 되기는 어렵겠죠.

김문주(2011)[10]는 기존의 지역교육청의 역할과 조직 개편 등의 논의 결과를 정리하고, 주요국(미국, 영국, 프랑스, 일본)에서 교육 지원청이 학교 지원 기능을 어떻게 수행하는지 살피면서 지역교육 청의 역할이 무엇이 되어야 하는지를 연구했습니다. 이 연구는 지 역교육청에서 학교지원 기능을 수행하기 위한 바람직한 역할 및 기 능 배분, 조직 운영에 대한 실천 방안을 제시했다는 점에서 의의가 있습니다.

이에 따르면 지역교육청의 기능은 1) 단위학교 교수학습활동을 지원 2) 지역사회와 연계한 학교교육 지원 3) 단위학교에 대한 지 도 감독 4) 단위학교에 대한 행정업무 지원 등으로 구분할 수 있습 니다. 그런데 미국, 영국, 프랑스, 일본 등의 지역교육청에서는 학 교나 사회교육기관 등 교육현장과 연계하여 교육활동을 지원하는 서비스 기능을 강화하고 있으며, 상부기관의 획일적인 지시나 규제 에 의존하기보다는 각 지역과 학교의 특수성을 감안하여 다양한 행

---

9) 공정희. 〈행정기구 변화와 행정기능 변화의 대응관계 연구〉. 부경대학교 대학원 석 사 학위 논문. 2010
10) 김문주. 〈지역교육청의 학교지원기능 강화 방안에 관한 연구〉. 전북대학교 대학원 석사 학위 논문. 2011

정지원을 하고 있었습니다. 행정요원들도 전문성을 바탕으로 연구, 분석 및 정책개발 활동에 역점을 두고 있기에 직제상 높은 독자성을 가질 수 있도록 편제되어 있다고 합니다.

그러나 여기서 다루는 내용은, 지역교육청의 기능 중 네 번째로 언급된 '행정업무 지원 기능'을 어떻게 바꿀 것인가의 차원에서만 자세하게 다루고 있기 때문에 우리가 생각하는 것을 전부 담아내지 못하고 있습니다. 행정적인 부분의 교육청 혁신에서는 분명히 참고할 만한 연구입니다.

이 외에 학계에서 교육청 혁신에 대해 조금이나마 연구한 결과, 다행히도 교육청이 학교를 지원하는 업무를 수행하기 위해서 혁신을 이루어야 한다는 것은 교육계 전체에서 동의하게 되었습니다. 이제 이 논의는 교육청 자체적으로나 교육연구소마다 자주 연구하는 문제이며, 어떻게 그것을 정책적으로 반영할 것인가에 대한 것은 좋은교사운동에서 지속적으로 논의해 왔습니다. 이 장에서는 좋은교사운동에서 기존에 연구한 교육청 혁신 관련 자료를 자세히 살펴보려고 합니다.

좋은교사운동에서는 2014년 6월 30일부터 7월 28일까지 5차례에 걸쳐 토론회를 진행했습니다. "학교 혁신을 위한 교육청 혁신, 어떻게 할 것인가?"라는 주제로 교육청 비리 문제, 과다한 공문 문제, 인사 제도 개혁, 교육부와 교육청의 관계 재정립 등 세부 주제로 나눠 토론하였고, 이와 함께 교육청에 대한 교사들의 인식을 설문조사를 통해 드러내면서 교육청 혁신에 대한 정책적 제안을 도출했습니다.

먼저 권재원(2014)[11])에 따르면, 교육부나 교육청의 정책 사업을 수행하라는 지시적 성격의 공문이 학교의 업무 부담을 유발하는 주요 원인입니다. 이는 교육부와 교육청의 과도한 정책 사업 때문인데, 막대한 예산을 들여 사업을 벌이면서 단위 학교는 예산의 자율성을 박탈당한 채 교육부/교육청의 통제에 따라 단위학교의 필요와 무관하게 예산만을 집행하게 되는 것이죠. 이 과정에서 비효율과 비리가 발생되는 일이 많습니다. 또한 각종 자료 요구 공문 같은 경우, 교육청에서 해결할 수 있으면서 기계적으로 학교로 넘기는 일도 많아서 학교 업무에 방해를 초래합니다. 행사를 개최하고 학생들을 동원 요청하는 협조 공문도 불필요합니다. 지역교육지원청의 경우에는 본청 정책 사업 외에 또 다른 특색 사업을 벌이면서 학교의 부담을 가중시키기도 합니다.

김성천(2014)의 논의[12])에서는, 교육 전문직 선발 과정에서 업무 분야와 무관하게 교과별로 전문직을 선발하는 것이 문제임을 밝히며 이로 인해 전문직이 되어 직무를 맡을 때 연관성이 없어서 능력을 발휘하기 어렵다는 의견을 냈습니다. 더구나 해당 업무를 1~2년하고 순환 근무하게 되어 있어서 전문성을 축적하기 어렵고, 기존에 관례적으로 진행한 과다한 업무를 처리하느라 바빠서 정작 교육현장에 지금 필요한 정책을 기획하는 역량을 발휘하기 힘든 구조임

---

11) 권재원. 〈공문, 그리고 교육지원청〉. 좋은교사운동 토론회 자료. 2014
12) 김성천. 〈교육전문직, 어떻게 바라볼 것인가〉. 좋은교사운동 토론회 자료. 2014

을 밝혔습니다. 이와 같은 문제는 교육 전문직 업무 성과에 대한 분명한 평가 지표가 없기 때문에 형식적인 실적을 쌓는 데 좋은 사업을 유지하는 관행 때문인 것으로 보여 개선을 요구했습니다.

업무 능력을 검증하지 않는 현행 전문직 선발 과정에서는 비리 문제도 생겨날 수밖에 없습니다. 김중훈(2014)[13]에 따르면 현행 승진 제도에서는 인적 커넥션을 활용하게 되기 때문에 비리가 발생하기 쉬운 구조입니다. 학교에서도 교감이 교장으로 승진할 때 필요한 근무 평정 점수를 교장과 교육청이 50:50으로 주게 되는데 이 과정에서 비리가 생길 수 있습니다. 전문직 선발이든, 교감 승진이든, 감사관이 교육청 내부 인사이거나 동질 집단이기 때문에 제대로 된 감사가 이루어지지 못하며, 감사관에게 독립성과 전문성이 없는 경우가 많습니다. 교육청의 부패, 비리를 척결하려면 승진 제도의 개선이 필수적입니다.

교육부가 교육청을 통제하려는 것도 학교 현장의 업무 부담을 과중시킵니다. 이는 교육자치의 문제와 연관되는데 홍인기(2014)[14]에 따르면, 교육부는 부교육감을 교육부가 임명함으로써 교육청의 자율성을 제약하며 특별교부금 예산을 배정하는 것을 통해 교육청에서 교육부 자체 정책 사업을 하도록 하게 만듦으로써 교육청의 권한을 축소합니다. 이렇게 교육부가 교육청의 활동을 제약하고 특정한 사업을 강제하게 되면 교육청은 단위학교에 고스란히 그 부담을 전가

---

13) 김중훈. 〈교육청과 학교 비리, 어떻게 형성되는가? 그 개선 방안은?〉. 좋은교사운동 토론회 자료. 2014
14) 홍인기. 〈교육부와 교육청이 올바른 자리매김을 위한 방안〉. 좋은교사운동 토론회 자료. 2014

시켜 업무가 늘어나는 것입니다.

이러한 상황에서 교육청에 대한 교사들의 인식도 자연히 좋을 수 없습니다. 좋은교사운동에서 2014년 실시한 설문조사15)에 따르면, 교육청이 학교 현장에 도움이 된다는 의견은 21%에 불과했고 미흡하다는 의견이 49%에 달했습니다. 가장 큰 문제는 불필요한 정책 사업(73%)이 많다는 것으로, 관련된 주관식 의견을 살펴보면 현장에 도움이 되지 않는 정책사업, 특색사업, 연구 시범학교 운영 등의 업무가 부담이 된다는 내용입니다. 관료주의로 인해 불필요한 형식이나 절차를 거치도록 하는 것이 문제라는 의견도 59%나 나왔는데, 형식적인 실적을 요구하거나 각종 대회, 행사에 참여하도록 요구하며 떠넘기기식의 행정 업무를 시킨다는 의견이 있었습니다. 정작 학교가 필요로 하는 지원 기능이 미흡하다는 의견이 35%로, 학교 내의 갈등 중재 관리나 돌봄 인력을 지원하고 교권 보호 기구를 운영하며 각종 행정 업무 보조 인력을 지원하는 것이 필요하다는 응답이 많았습니다. 그 외에 학교에 대한 규제가 과다하며(32%), 인사 시스템이 불공정(28%)하다는 문제 인식을 보여주고 있습니다.

이와 같은 설문 및 토론 결과, 좋은교사운동에서는 단위학교의 자율적 혁신 역량을 강화하며 단위학교가 필요로 하는 것을 지원하고, 단위학교의 민주적 책무성과 교육청의 비리 구조를 척결하는 것을 교육청 혁신의 기본 개념으로 삼아야 한다고 결론을 내렸습니다. 이에 따라 자율성 영역에서는 교육청 단위의 정책 사업을 축소

---

15) 2014년 7월 17일~24일 실시. 좋은교사운동 소속 회원(교사) 369명 대상. 좋은교사운동 토론회 자료. 2014

하고, 공문 감독관을 통해 불필요한 공문을 억제하고, 단위학교를 지원하는 측면에서는 지역교육지원청을 업무 기능 중심으로 재구조화하며, 전문직 선발 및 업무 체제를 과제 중심으로 하도록 바꾸고, 책무성 측면에서는 학교만족도에 의한 학교평가체제, 지역교육지원청에 대한 상향식 평가 체제, 정책 사업 및 연구 사업에 대한 현장평가 체제를 구축하고 교육 자치를 구현하는 등의 정책 대안을 제시했습니다16).

이어서, 좋은교사운동에서는 2015년에도 후속 연구를 통해 "학교 현장을 지원하는 교육청, 어떻게 만들 것인가?"라는 주제로 토론회를 열고 설문조사를 실시했습니다. 이 해에는 특별히 시도교육청의 관료주의 실태를 드러내는 데 초점을 맞추었으며, 시도교육청 평가와 학교평가, 학교 성과급 평가 등 교육 현장에서 일어나는 '평가'가 어떻게 단위 학교에 영향을 미치는지를 밝히면서 관련 정책을 분석했습니다.

김진우(2015)17)의 연구에서는 시도별 관료주의 문화 관련 현장교사 체감도 설문조사18)를 실시하였는데 '현 교육감 취임 이후 관료주의적 문화가 얼마나 개선이 되었다고 생각하십니까?'라는 질문에 대한 응답과 2015년 시도교육청 평가 결과와 비교했을 때 대체

---

16) 김진우. 〈학교 혁신을 위한 교육청 혁신, 어떻게 할 것인가?〉. 좋은교사운동 토론회 자료. 2014
17) 김진우. 〈시도교육청 관료주의 실태 및 정책 분석-서울을 중심으로〉. 좋은교사운동 토론회 자료. 2015
18) 2015년 4월~6월 중 실시. 17개 시도 초중고 교사 1,200명 대상. 좋은교사운동 토론회 자료. 2015

로 반비례하는 결과가 나타난 것이 인상적입니다. 대구, 울산, 경북, 대전의 경우 관료주의 변화의 체감도가 떨어지는데도 해당 시도교육청 평가는 상당히 높은 점수를 받았고, 전북, 광주는 관료주의 변화 체감도가 높은데도 해당 교육청 평가 점수가 낮습니다. 이는 현행 시도교육청 평가가 실적 위주로 이루어지기 때문에 학교에서도 보다 많은 실적을 생산하도록 만들어 학교의 관료주의화를 심화시킨 결과로 볼 수 있습니다.

또한 서울 지역 교사 155명을 대상으로 실시한 온라인 설문조사 및 오프라인 정책 간담회에서 나온 의견을 소개하고 있는데, 정책 완성도를 높이기 위한 과도한 실적과 업무 요구, 교육적 타당성이 없는 보여주기식 전시 행정, 학교에 떠넘기기식 실적 파악, 학교 사정을 고려하지 않는 촉박한 공문 보고 기일, 학교 학사 일정을 고려하지 않는 사업 수립 및 갑작스런 지침 변경, 현장 상황을 고려하지 않는 과도한 규제, 학교 교육에 도움이 되지 않는 온라인 프로그램 사용 강요, 교육청 행사나 연수에 학부모, 교사 반강제적 동원 등이 중점적으로 나타났습니다. 이 의견들 중 대다수는 2014년에 나왔던 것과 거의 다르지 않음을 알 수 있습니다.

이 연구에서는 서울시 교육청 정책을 단위학교 자율성 관련 정책, 민주적 소통과 책무성 관련 정책, 청렴과 투명성 관련 정책, 지원 관련 정책으로 나누어 간단히 분석하기도 했습니다. 이를 통해 서울시 교육청이 교육정책사업 정비를 지속적으로 추진하고 있으며 공문서 모니터링, 학교평가를 자체 평가로 전환하였고, 행정실무사를 증원하면서 단위학교의 자율성을 높이고 지원하려는 노력이 보이나, 현장에서 체감할 수 있는 과감한 변화를 만들어낼 필요가 있다는 결론을 내렸습니다. 이와 함께 전년도 연구와 비슷한 정책을 제안했습니다.

한편, 교육청이 혁신하기 위해서는 실적만 중시하는 관료주의를 극복해야 하는데 이것은 교육청의 상위 기관인 교육부가 바뀌지 않으면 안 되는 일입니다. 특히 교육부가 시도교육청을 통제하기 위해 평가하는 방식이 문제인데, 손현탁(2015)[19]이 이것을 논의하였습니다. 그에 따르면 교육부가 시도교육청을 평가할 때 쓰는 지표와, 시도교육청이 학교를 평가할 때 쓰는 항목을 살피고 둘의 연결 현황을 분석한 결과, 꽤 많은 지역에서 교육부의 지표를 학교평가 항목에 반영하고 있음을 알 수 있습니다. 학교평가는 학교교육의 질을 제고하여 학교가 균등한 교육여건을 조성하여 학생들에게 좋은 교육을 받을 권리를 제공하기 위해 시행되는 것인데, 현행 학교 평가의 지표에는 이러한 철학이 반영되어 있지 않습니다. 과반수 시도교육청에서 지표로 반영하고 있는 것[20]은 교육부에서 하달한 지표와 거의 같기 때문에 단위학교의 자율성을 높인다고 보기는 어렵습니다. 요식행위처럼 이뤄지는 교육활동에 대한 평가 지표[21],

---

19) 손현탁. 〈시도교육청 평가, 학교평가, 학교 성과급 평가 정책 분석〉. 좋은교사운동 토론회 자료. 2015
20) 학교스포츠클럽 등록률, 기초학력미달학생 비율/향상도, 학업중단학생비율 감소율, 학교폭력 예방교육 현황, 특성화고 취업률, 방과후학교 프로그램 학생 참여율, 직무 연수 이수시간, 학부모 만족도, 학생 만족도
21) 사이버가정학습 가입률 및 이수율, 동아리활동 참여율, 학생 1인당 봉사활동 시간, 학생 1인당 도서관 자료 대출 수

전문성 신장에 도움이 되지 않는 교원 연수 관련 지표22)도 문제이며, 시도교육청만의 철학이 평가 지표에 담겨 있지도 않습니다.

따라서 학교평가를 학교 자체 평가 위주로 하면서 학생, 학부모 만족도 중심으로 바꿀 것을 제안하였고, 학교평가 전문가가 지원하며 기존의 서류, 실적 중심 평가를 지양해야 함을 말했습니다. 또한 시도교육청 평가도 마찬가지로 상향식으로 하여 해당 교육청 소속 학교들의 학교 만족도를 총합하는 방식의 평가를 제안했습니다. 이를 통해 행정 관료적인 평가에서 벗어나 교육의 본래적 기능을 수행하도록 지원하는 평가로 바뀌어야 함을 보여주었습니다.

2016년 2월에도 좋은교사운동에서는 〈학교자치의 측면에서 17개 시도교육청 정책을 평가한다〉23)는 주제의 특집 기사를 통해 연구 결과를 발표했습니다. 이 기사는 상당 부분 2015년의 토론회 결과를 바탕으로 하고 있으며 예산의 사용과 평가 부분을 보완한 것으로 보입니다. 2014년과 2015년의 정책사업 수를 단순하게 비교하여 증감 비율, 교육청에서 용도를 정하여 내려 보내는 '목적사업비'의 비율 증감을 비교했습니다. 교육청 정책사업이 많을수록 단위학교의 자율성을 침해한다는 전제의 조사라고 볼 수 있습니다. 교무 행정업무 지원 보조 인력 확충 비율을 지역별로 살펴본 것이 특기할 만한데, 교사가 교육에 집중할 수 있도록 도와주는 인력이기 때문에 교육청의 지원 역할에 필수적이라 할 수 있습니다. 학교평가

---

22) 수업연구 실시율, 수업공개 실적, 컨설팅 장학 수행 실적
23) 〈좋은교사〉 저널. 2016년 2월호. 45~72쪽.

체제와 교육지원청 평가체제, 상향식 평가체제는 전년도 연구 결과를 동일하게 사용했습니다.

이 기사에서는 위에 언급된 분야를 종합하여 A+, A, A-, B+, B, B-, C, C-로 평점을 내렸는데, 전반적으로 예전보다 진전된 부분이 많아졌음을 볼 수 있다고 긍정적으로 평가했습니다. 또한 교육부와 교육청에 제안하는 정책뿐만 아니라, 교사가 먼저 교육청 개혁을 선도하고 교육운동단체에서는 꾸준하게 시도교육청의 정책 모니터링, 정책 협의회 등을 통해 교육 중심의 학교로 만들어야 함을 촉구하였습니다.

이미 언급한 것과 같이, 교육청이 단위학교에서 일어나는 교육 활동을 지원하는 본연의 역할을 하는 방향으로 바뀌어야 한다는 것은 교육계 전체에서 동의하는 것입니다. 이제 교육청은 행정 관료 조직으로서의 기능만 하는 기구가 아니라, 좋은 수업이 이루어질 수 있도록 다양한 방면에서 지원하는 진정한 교육'지원'청이 되어야 합니다. 학교 현장에 있는 교사들의 대다수가 요구하는 것일 뿐만 아니라 학자들과 교육감 스스로도 인식하고 있는 시대적 사명인 것입니다. 그렇다면 2017년의 교육청은 얼마나 혁신을 이루었을까요? 교육청의 혁신을 위해 다양한 노력을 기울이고 있는 서울시 교육청의 세부 업무와 핵심 사업을 통해 그 현장을 직접 살펴보도록 하겠습니다.

Ⅲ. 지금 교육청이 하고 있는 일은 뭔데?

1. 서울시 교육청 추진 사업 훑어보기

다음은 2017 서울시 교육청 주요업무계획에서 밝힌 2017년 연간 예산 세출표입니다.

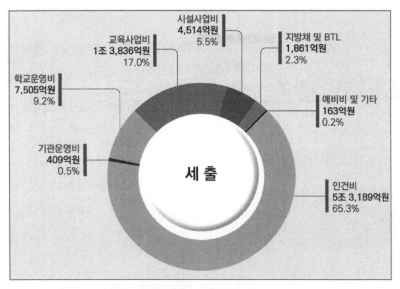

[2017 서울시 교육청 예산 세출(총 8조 1,477억 원 규모)]

위에 따르면 2017학년도 서울시 교육청 전체 예산 세출에서 단위 학교에 지급되는 학교운영비는 9.2%이고 특별교부금 형식으로 내려오는 교육사업비는 17.0%에 해당합니다. 여기서 학교운영비는 단위 학교의 학생 수에 따라 기본적인 운영이 가능하도록 지급되는 예산으로, 학교가 자체적으로 세운 계획에 따라 자율적으로 사용할 수 있습니다. 반면 교육사업비는 특정 사업에 한정하여 지출할 수 있는 예산이기 때문에 교육청에서 시행하는 사업에 참여할 경우에만 학교로 내려오는 예산입니다. 사업 계획을 세우고 참여 학생을 독려하여 실행할 뿐만 아니라, 정확한 예산 집행 및 정산까지 처리해야 하므로 과중한 업무를 수반하게 됩니다.

그런데 학교가 자율적으로 사용할 수 있는 학교운영비 예산보다 특별교부금 형태로 지급되는 교육사업비가 두 배 정도 많다는 것이 의미하는 바는 무엇일까요? 학교운영비의 경우 기본적인 운영에 필요한 경비로 지급받기 때문에 학교는 늘 사용하던 대로 지출하는 편입니다. 그야말로 기본적으로 학교를 운영하기 위해 필요한 예산이기 때문에 좀 더 효율적으로 사용하기 위해 노력할 수는 있지만 예산을 어떻게 사용할 것인가를 놓고 학교가 자율적으로 고민하고 연구하여 결정할 필요는 없기 때문입니다. 그렇다면 특별교부금 형태로 지급되는 교육사업비는 어떨까요? 이 예산이 학교 구성원의 자율적 결정과 예산을 사용하기 위한 연구 노력을 이끌어 낼 수 있을까요? 이 질문에 낙관적으로 대답하기는 어렵습니다. 교육사업비는 처음부터 어떤 사업에 써야하는지 정해져 있는 예산입니다. 물론 교육청의 사업에 대해 학교 자체적으로 협의하고 필요하다고 판단하여 참여할 수도 있지만, 대부분은 반드시 참여해야 하는 사업이라서 그대로 시행하면서 해당 예산을 사용하는 일이 많습니다.

결국 학교 기본 운영비로 지급되는 예산이나 교육사업비로 지출되는 예산을 사용하기 위해 학교가 고민하고 연구할 필요는 없습니다. 기본 운영비는 늘 지출하던 대로 쓰면 되고, 교육사업비는 위에서 지시하는 대로 씁니다. 교육청의 예산 세출 내용에서 알 수 있듯이 교육청은, 교사들의 자발적이고 협력적인 의사결정 위에서 학교를 자율적으로 운영해 나갈 것을 요청하고 있다고 보기 어렵습니다. 지역적 특성, 혹은 학생들이나 학부모의 필요나 상황에 맞게 학교의 예산을 자율적으로 사용할 수 있는 권한을 제한하고 있다는 의미이기도 합니다. 이는 앞서의 연구와 설문조사 결과에서처럼, 교육청이 학교 현장을 믿지 않기 때문이라고 볼 수도 있습니다.

그렇다면 교육청이 기본적인 학교운영비의 두 배를 할애하여 쓰고 있는 교육사업은 어떤 것일까요? 이번 장에서는 서울시 교육청이 시행하고 있는 다양한 사업에 대해 살펴보면서 그것이 정말 학교의 교육을 살리는 방향으로 행하고 있는지, 단위 학교의 자율성을 신장시키는 것인지 분석해보고자 합니다.

가. 교육정책 세부 사업 700개

진보 교육감 당선 이후 서울시 교육청은 꾸준히 교육정책사업을 정비하여 학교의 자율성을 증진하고 학교가 교육활동에 전념할 수 있는 환경을 조성하고자 하는 정책을 펼쳐 오고 있습니다. 그럼에도 불구하고 필자들이 참여했던 2017학년도 정책사업정비팀에서 제공받은 2017학년도의 사업목록은 700개나 됩니다. 교육청은 대체 무슨 목적을 이루기 위하여 그렇게 많은 사업을 시행하는 걸까요? 그 일은 정말 교육적으로 필요한 일일까요? 학교가 알아서 할 수 있는 일은 아닐까요?

우리는 먼저 현재 교육청이 펼치는 사업들을 7개의 항목으로 나누어 보았습니다. 700개나 되는 세부업무(사업명)를 살펴보니, 업무지원, 연수지원, 학생지원, 시설지원, 모니터링, 학부모지원, 기타업무로 구분할 수 있었습니다. 중고등학교에서 근무하는 저희의 경험만으로는 어떤 사업인지 알 수 없었던 사업명도 있었지만 인터넷 검색과 현장정책평가단 회의 등에서 조금이라도 기본적인 내용을 파악하여 분석해보려고 했습니다. 사업을 구분하는 과정에서 저희는 그 사업이 얼마나 학교의 본질적인 교육적 활동과 연관성이 있는지도 평가했습니다. 이 과정에서 굳이 교육청에서 시행할 필요가 있는가 의문이 드는 사업을 **마지막 여덟 번째의 항목 '불필요한 사업'**으로 분류했습니다.

저희의 평가는 현장의 경험을 바탕으로 이루어진 직관적인 것이므로 정밀한 이론에 근거한 것은 아닙니다. 다만 다양한 이권에서 벗어나 있는 평범한 현장 교사가 사업을 받아들이는 일반적인 관점이라는 것을 감안해주셨으면 합니다.

① 업무지원 분야

연번	사업명	사업 근거	예산 (단위:천원)
1	학교업무정상화	교육감 공약사업	36,739,138
2	사립유치원교원인건비지원	유아교육법제26조	32,663,400
3	일반고 교육역량강화	공약사업및 교육부추진사업	22,073,520
4	서울형혁신교육지구	운영조례(2016.12.29.),지원조례(2017.1.5.) 교육감공약사업	12,203,290
5	특성화고 NCS 교육과정 운영	교육부 연계 사업	11,260,000
6	서울형자유학기제	국정과제	10,720,040
7	중학교 사서 인건비 지원	학교도서관진흥법 제12조	10,257,793
8	중학교교육과정내학교스포츠 클럽활동 강사비지원	초·중등교육법 제23조 제①항,교육과정총론(교육부고시제2013-7호)등	9,464,472
9	서울형혁신학교 운영	서울특별시 혁신학교 조례	9,040,000
10	학생상담활동 지원	주요업무계획	8,782,200
11	방과후학교 운영내실화 지원	주요업무계획	8,482,800
12	배움터지킴이자원봉사자	학교폭력예방및대책에관한법률	8,248,500
13	과학실험실안전관리	2016 과학·환경·영재교육 주요업무계획	7,208,800
14	전국연합학력평가 관리 및 시행	시도교육감협의회	6,321,868
15	초등(특수)스포츠강사 지원	교육부추진사업	5,908,119
16	기설특수학급운영비지원	2017 서울특수교육기본계획	4,952,000
17	사립학교 특수교육실무사 지원	2017특수교육기본계획	4,781,561
18	실험실습기자재지원	산업교육진흥및산학연촉진애관한 법률 제4조	4,592,737
19	안정과 성장 맞춤 교육과정 운영 지원	초중등교육법	4,592,549
20	예술강사 지원	문체부-교육부 협력사업	4,448,057

'업무지원' 분야는 교사가 수업 연구와 학생 생활교육 등 본질적인 교육활동에 전념할 수 있도록 여건을 조성해주는 분야의 사업들로 분류했습니다. 위 표는 그렇게 분류한 교육청의 사업 가운데 가장 많은 예산을 차지하는 사업 상위 20개를 정리한 것입니다. 이 중 첫 번째에 올라와 있는 '학교 업무 정상화 지원 사업'은 학교 업무의 부서체제를 교육활동 중심으로 개편하고자 교육지원팀과 학년부 체제로 운영하도록 지원하는 사업을 말합니다. 이를 위해 교무행정지원사를 학교에 배치하고, 교육지원팀 소속 보직교사의 수업시수를 경감하기 위해 강사비도 지원하는 사업으로, 교사들의 평가는 매우 긍정적입니다.

'업무지원' 항목에 속하는 사업이 146개인데, 이 분야의 사업 예산들은 교사가 교육활동에 전념할 수 있도록 지원하기 위하여 대부분 인건비로 사용됩니다. 사립유치원 교원 인건비 지원, 서울형 혁신 교육지구, 서울형 자유학기제, 중학교 사서 인건비 지원, 중학교 스포츠클럽활동 강사비 지원, 서울형 혁신학교 운영, 학생 상담활동 지원, 방과후학교 운영내실화 지원, 배움터 지킴이 자원봉사자 지원, 특수학급운영비 지원, 초등 스포츠강사 지원, 특수교육실무사 지원, 예술강사 지원 등 추가 인력을 배치하여 교사의 업무처리 부담을 덜어주거나 다양한 교육활동을 지원합니다.

이처럼 '업무지원' 분야의 사업들은 교사들이 교육 본연의 활동에 집중할 수 있도록 도와준다는 점에서 매우 중요하므로 더욱 효율적으로 확장되어야 한다고 생각합니다.

특히 '업무지원' 영역에서 가장 두드러지게 교사들의 업무 수행을 도와주는 것이 교육행정사 배치 사업이라 할 수 있습니다. 그런데 교육실무사의 경우, 실무사의 업무 역량에 많은 차이가 있다는 것이 문제입니다. 없는 것보다는 도움이 되지만 기대만큼 충분한 도움이 되지는 않는 경우를 주변에서 꽤 볼 수 있었습니다. 이런 점은 교육청에서 채용할 때부터 신경을 쓰고, 학교에 배치하기 전에 미리 업무 능력을 갖출 수 있도록 교육하는 것을 통해 해결할 수 있습니다.

또한 교무실무사도 이제는 단순한 잡무를 처리하던 역할에서 벗어나 전문적인 행정 역량을 가지고 교사들의 업무를 지원해줄 수 있어야 진정한 의미의 학교 업무 정상화가 이루어 질 것입니다. 행정실만이 아니라 교무실에도 교사의 일반적인 행정 업무를 맡아 처리해주는 일반직 공무원들이 배치되는 건 어떨까요? 그렇게 된다면 교사들이 교육활동에 더욱 전념할 수 있습니다. 교육청이나 교육지원청에서 근무하고 있는 일반직 공무원들을 학교로 보내는 것이 필요한 이유가 여기에 있습니다.

② 연수 지원

연번	사업명	사업 근거	예산 (단위:천원)
1	교육복지네트워크구축및연수홍보		1,361,555
2	사립에듀케어 운영 지원	주요업무계획, 서울유아교육지원계획	1,002,060
3	초등교원연수지원	교원 등의 연수에 관한 규정, 교원연수중점추진방향(교육부)	339,532
4	교과교육연구회	서울시교육청 행정기구설치조례 시행규칙 제16조	209,240

5	수요자맞춤형연수(관리자를 위한 학교정원가꾸기, 거꾸로과학수업의 스마트한 활용, 창의성을 기르는 수학교육, 과학교육전문직 역량강화)	서울시교육청 행정기구 설치조례 시행 규칙	167,046
6	서울특별시교육감지정초·중등연구교사제	서울특별시교육규칙893호	136,104
7	진로진학상담교사 운영 및 진로교육연수	교육부 특교사업	127,800
8	공립에듀케어 신설 및 증반	주요업무계획, 서울유아교육지원계획	118,000
9	특수분야 산업체 직무연수 및 수업방법 개선 연수 운영	주요업무계획	112,400
10	초등 공모형 맞춤식 직무연수	2016 연수운영계획	105,000
11	2016 중등 학교와 함께 만들어가는 맞춤식 직무연수	2016 연수운영계획	105,000
12	수학과학과 우수교사 국내대학 위탁연수	2016 과학·환경·영재교육 주요업무계획	94,660
13	사이버연수	서울특별시교육청행정기구설치 조례	93,260
14	교원, 학부모 정보통신윤리교육 연수	국가정보화기본법 제30조의 8(인터넷중독관련교육)	88,230
15	정서행동 및 보건교육 컨설팅	학교보건법 9조,제9조의2, 초중등교육법 7조	82,200
16	세계시민교육 학습동아리 운영	교육감 공약사업	80,000
17	중학교교육과정내학교스포츠클럽활동 강사 연수	교육부추진사업	77,440
18	원격직무연수	서울시교육청 행정기구 설치조례 시행 규칙	73,380
19	소규모테마형교육여행 안전요원 직무수	교육부 추진 사업	69,668
20	신규 및 통합학급 담당교원 연수	2017 서울특수교육기본계획	66,000

'연수지원' 분야는 교사들의 전문성을 신장하여 교육력을 제고하기 위해 지원하는 사업들입니다. '연수지원' 분야에서 가장 많은 예산이 소요되는 상위 20개의 사업을 살펴보면 교원 역량 강화를 위해 다양한 연수들이 지원되고 있음을 알 수 있습니다. 교사들이 교

육청이 해주기를 바라는 역할에 대한 설문조사에는 '연수 지원'이 언제나 순위에서 상위를 차지할 정도로 교육 전문성을 신장하고자 하는 교사들의 욕구는 높습니다.

그런데 문제는 교육청이 지원하는 연수가 얼마나 실제적으로 교육력을 제고하는지 여부입니다. 사실 교사들의 수업 연구와 생활지도를 위해 필요한 전문성을 신장하기 위해 교사들의 기대수준에 상응하는 연수를 개설하는 경우는 흔치 않습니다. 또한 그와 같은 요구에 상응하는 좋은 연수를 개설해 놓는다고 해도 매일의 학교생활에서 처리해야 할 잡무와 수업, 생활지도를 하는 것 외에 연수까지 받는 것은 쉬운 일이 아닙니다. 전문성 신장을 위해 연수를 받는 것 뿐 아니라 수업 내용을 연구할 수 있는 시간적 여유도 필요합니다. 많은 학교에서 매년 60시간 정도의 직무연수를 받으라고 권장하는 편인데, 대부분의 교사들이 원격으로 연수받는 이유도 이와 관련이 있습니다. 물론 방학 중이나 학기 중에 특별히 시간을 내어 연수원이나 연수협력학교를 찾아 휴식을 포기하면서도 연수를 통해 전문성을 신장하고자 애쓰시는 분들도 계십니다. 그러나 그렇게 애써서 참석한 연수가 교육력이나 전문성 신장과 별다른 상관관계가 없다는 것을 확인하게 되면(기대치에 떨어지면) 더 이상 그런 선택을 하지 않게 되고, 점점 손쉽게 원격연수로 직무연수 시간을 채우게 되는 것입니다.

필자가 함께 참여한 2017 서울교육정책 현장평가단에서도 연수의 실효성에 대해 비슷한 문제의식을 갖고 있었습니다. 초등체육직무연수(60시간, 1회)는 체육교과의 새로운 학습지도 방법을 모색하여 일선 교사들의 체육수업 역량을 배양을 목적으로 하므로 학생들이 체육에 대한 다양한 호기심과 즐거움을 느끼는 방향으로 지도할 수 있도록 교사연수가 이루어져야 합니다.[24] 그러나 이 연수에서는 체육수업에 대한 실질적인 지도방법이나 다양한 정보를 제공받기에 부족할 뿐 아니라 평가에 초점이 맞추어져 있어 일반교사들은 부담스러워 선뜻 신청하지 못한다고 합니다.[25] 그리하여 체육전담교사나 체육부장 등의 교사들이 연수 점수를 채우는 용도로 쓰이고 있습니다. 정말로 초등 교사들의 체육 수업을 위한 교육력 제고가 목적이라면 연수시간을 60시간이 아닌 30시간으로 기획하여 여러 차례 실시함으로써 평가의 부담을 없애 많은 교사들이 신청할 수 있도록 유도하고 연수 내용을 보다 실제적인 지도방법으로 채울 때 도움이 될 것이라는 의견입니다.

세계시민교육 교원직무연수에 대해서도 현장평가단은 부정적으로 평가합니다.[26] 세계시민교육에 대해서 많은 교사들이 관심을 가지고 있지만 과도한 행정업무와 교사 수업 준비로 인해 세계시민교육 수업을 할 수 있을 정도의 전문성을 키우는 데 어려움이 있으므로 자유학기제 선택프로그램이나 창의체험활동의 자율 영역 인성교육 프로그램 중 하나로 진행하되, 세계시민교육 강사를 교육청에서 지원해주는 것이 필요하다는 의견입니다. 즉 교원직무연수가 아니라 국내의 세계시민교육 관련 NGO와 교육청이 연계하여 전문적인 강

---

24) 2017 서울교육정책 현장평가단 교육정책정비 대토론회 자료집, 2017. P36.
25) 60시간 연수는 연수 성적을 산출하기 때문에 평가가 부담스러운 교사들은 기피하는 편. 승진 등을 고려하여 연수 점수를 필요로 하는 교사들이 이수한다.
26) 2017 서울교육정책 현장평가단 교육정책정비 대토론회 자료집, 2017. P88.

사풀을 만들어나가야 한다는 것입니다.

'연수 지원'에 대한 논의를 정리해 보자면, 초등체육직무연수와 같이 수업이나 생활지도 등의 교육활동을 위한 전문성을 신장시키는데 필요한 연수들은 실제적으로 교사들이 도움을 받을 수 있는 방식으로 그 내용과 형식을 기획하는 것이 필요한 반면, 세계시민교육과 같이 교과와 직접적 관련성이 떨어지는 연수는 실제적이고 체험적인 수업이 이루어지도록 NGO단체와 연계하여 강사풀을 조성하는 것이 필요하다는 것입니다. 무엇보다 '연수 지원'을 포함하여 교사들의 자발적인 교육 전문성 신장을 위해서는 연구할 수 있는 시간적 여유가 주어지는 것이 선결조건입니다.

③ 학생 지원

연번	사업명	사업 근거	예산 (단위: 천원)
1	만3-5세아 보육료	유아교육법제25조	355,485,480
2	무상급식	지방재정법,지방자치법	289,182,117
3	만3-5세아 유아학비	유아교육법제24조	236,006,937
4	교육급여 지원	국민기초생활보장법	57,457,224
5	무상교과용도서 지원	교육기본법 8조, 초중등교육법 제12조 및 제29조, 장애인등에 대한 특수교육법 제3조	56,108,345
6	초등돌봄교실 운영	○주요업무계획 ○초·중등교육과정고시2015-74호 ○국정과제(63-4.초등방과후돌봄기능강화)	51,870,349
7	특성화고장학금 지원	장학금규정(대통령령)	42,712,865
8	급식비지원	학교급식법, 초중등교육법	32,371,638
9	교육복지우선지원학교지원	초중등교육법, 교육부훈령, 공약사업	30,853,650

10	학비지원	초중등교육법	29,448,511
11	방과후학교자유수강권지원	초중등교육법	25,830,010
12	치료교육비 지원	2017특수교육기본계획	11,016,000
13	학습준비물지원	주요업무계획	10,712,000
14	기타수익자부담경비지원	초중등교육법	10,671,344
15	방송통신중고 운영	초중등교육법 51조	6,321,868
16	교육정보화지원	초중등교육법	5,625,690
17	꿈을 담은 교실 만들기	교육청-서울시 협력사업	5,000,000
18	마을기반형교육복지협력사업	서울특별시교육청 교육복지 민관협력 활성화 조례	4,960,750
19	초등 3학년 수영교육 지원	교육부추진사업	4,796,245
20	실습재료비 지원	주요업무계획	4,344,805
21	방과후활동지원	2017 서울특수교육 운영계획	4,127,000
22	학습부진 전담강사 지원	주요업무계획	3,354,000
23	Wee 센터 운영	초중등교육법 시행령 제34조	3,109,125
24	영재교육원운영	영재교육진흥법제7~8조	3,002,303

2017 서울시교육청 정책 사업 가운데 '학생 지원' 분야에 속하는 사업의 개수는 185개입니다. 서울시 교육청 전체 사업 중 26%를 차지하는 커다란 사업 분야입니다. 이 가운데 가장 논란이 많은 사업인 '방과후학교', '돌봄교실', '복지업무' 등과 '영재교육원'에 대해 자세히 살펴보면서 교육청이 추진하는 '학생 지원' 사업 분야의 문제점과 방향에 대해 살펴보겠습니다.

학교에서 방과 후에 '방과후학교' 사업이나 '돌봄교실'을 진행한다는 것은, 교사들이 방과 후에 수업을 연구하는데 시간을 사용해야 한다는 원칙과 긴장 관계에 있습니다. 혁신학교 성공 사례에서 알 수 있듯이, 미래에 필요한 인재를 길러나가는 역량이 있는 학교로서 우리 교육이 혁신하려면 교원학습공동체와 같은 교사 연구모임이 활성화되어야 합니다. 계속해서 언급했지만 교사들의 연구 분위기를 조성하는데 방해가 되는 업무 과다 상태는 교사가 연구할 시간적 여유를 없앱니다. 그래서 '방과후학교'나 '돌봄교실', '복지업무' 사업들은 나름의 교육적 필요가 있지만 교사들의 연구시간을 빼앗는다는 것은 동일합니다.

공교육을 새롭게 하고 교육 전문성을 길러 수업을 바꾸어야 하는 당사자는 교사입니다. 교사가 교육역량을 기르는데 무엇보다 필요한 것은 교사들이 함께 모여 연구하고 협의하는 교원학습공동체일 것입니다. 혁신학교에서 나타나는 변화와 성장은 철저히 교원들의 자발적인 연구와 협의를 바탕으로 합니다. 연구할 수 있는 시간을 빼앗으면서 교육이 새로워질 것을 기대하는 것은 어리석은 일입니다. 학교는 학교 교육과정을 중심으로 전문성과 역량을 갖춘 교사들의 교육활동이 이루어지는 곳이어야 합니다. 교사가 '방과후학교' 수업을 준비하고 연구하는 데 시간을 사용하는 만큼, 정규교육과정의 본 수업이나 교육과정에 대한 연구 시간은 사라지게 됩니다. 과외의 일 때문에 본래의 일이 피해를 입는 것은 정당합니까?

교사는 수업 연구와 학생 생활지도에 모든 노력을 기울일 수 있어야 합니다. 당장의 편의에 따라 학교에 '방과후 학교'나 '돌봄교실', '복지업무'를 떠넘기는 것은 학교 교육의 부실을 야기할 수밖에 없습니다.

그렇다면 '방과후학교'나 '돌봄교실', '복지업무' 등은 누가 책임져야 할까요? 법에 따르면 여성가족부나 보건복지부와 같은 중앙정부와 지방자치단체에 책임이 있습니다.[27] 저학년도 방과 후 교육을 받아야 한다고 주장하는 '저출산위원회'의 주장이나 유휴교실을 보육시설로 사용해야 한다는 주장들에 대해 학부모들은 설득력 있고 효율적인 제안이라고 생각하여 환영하는 분들이 많습니다. 그런데 그 주장을 할 때는 업무를 추진하는 주체가 누구인가를 분명히 해야 합니다. 맞벌이 가정이 많은 시대에, 초등 저학년에게 방과 후 교육을 제공하면 당연히 좋지요. 학교 시설을 방과 후 교육이나 돌봄교실이 이루어지는 공간, 보육시설로 사용하는 것도 좋습니다.

그러나 정부나 지자체가 주체가 되어 그 프로그램을 운영하고 시설을 관리하는 등의 업무를 하는 것이 되어야 합니다. 학교 교사들이 이런 업무를 맡아서는 안 됩니다. 교사 본연의 업무에 쓸 시간을 이런 데에 낭비하는 것은 학생들의 손해가 아닐까요?

학교는 국가교육과정을 중심으로 학생들을 성장시켜 미래를 준비하게 하고 국가의 미래역량을 길러야 하는 교육기관이 되어야 합니다. 전 세계적인 공교육 위기 현상에서 알 수 있듯이 그 일을 제대로 수행하는 것은 쉬운 일이 아닙니다. 교육 전문가로서의 교사를 대학교육을 통해 길러내고 그 중 뛰어난 인재만을 선발한 후에도 교사들의 끊임없는 연구 노력이 필요합니다. 혁신학교처럼 학교가

27) 아이돌봄 지원법 [시행 2016.9.3.] [법률 제14064호, 2016.3.2., 일부개정]
   제3조(아이돌봄 지원의 원칙) ① 국가와 지방자치단체는 돌보는 아이의 이익을 최우선으로 고려하여 아이돌봄을 지원하여야 한다.

본연의 업무인 교육활동에 전념하게 하여 교육 전문성을 신장시킬 수 있어야 공교육이 되살아 날 수 있습니다. 그런데 우리나라에서는 자꾸 교사들을 부차적인 업무에 시간을 뺏기도록 만들고 있습니다. 어떤 이들은 선진국에서는 방과후학교가 더 활성화되어 있고 교육의 전문가라고 하는 교사가 당연히 맡아야 하지 않겠냐는 말도 합니다. 그렇다면 다음의 자료를 확인해 보십시오. 스웨덴의 방과후학교 운영에 대해 설명하는 부분28)입니다.

　　방과후 아동 보육은 "학교에 다니는 12세 까지 아동을 부모가 일을 하거나 학업을 하는 동안 제공하는 교육적 집단활동"으로 정의된다. 설립주체에 다른 유형으로는 공립, 민간으로 나눌 수 있는데 공립 방과후 아동교육은 스웨덴의 방과후 아동교육 기관 대부분 공립이고 지방정부의 책임 하에 운영되며 민간 방과후 아동교육은 1990대에 증가하기 시작했고 지방정부의 공립 시설과 같은 수준의 재정적 지원을 받는다29). 학교시설, 유치원시설, 레저센터 등을 이용하여 설치된 방과후 센터에서 7~12세 아동에게 방과후 교육프로그램을 제공하며, 아동이 방과후 센터를 이용할 수 없을 경우에는 가정보육시설을 이용할 수도 있다. 가정 보육제도는 보육시설과 방과후 센터의 부족을 보충하기 위해 지방자치단체가 관리하는데, 4명 이하의 유아 및 아동을 개인의 가정에서 양육하는 제도로서 대상연령은 6개월~12세까지이다. 근래에는 보육시설, 유아원, 방과후

---

28) 조미숙(2006). 〈방과후 교육제도에 관한 비교 연구: 스웨덴, 독일, 미국, 일본〉. 인하교육연구(2006, 12). 13~14.
29) 한국여성개발원, 외국의 방과후 교육제도연구, 51-59.

센터를 시설 안에 통합적으로 제공하는 공동아동센터가 권장되고 있다.30)

이 자료에서 알 수 있듯이 스웨덴에서 방과 후 보육 문제를 해결하는 주체는 지방자치단체이며 학교시설, 유치원 시설, 레저센터 등에 설치된 방과후 센터나 공동아동센터를 통해 그 업무들이 수행됩니다. 스웨덴뿐만 아니라 교육 선진국 대부분은 교사가 교육과정 운영에 집중할 수 있도록 여건을 조성해주고 지방자치단체들이 방과후 교육 업무를 맡아 방과 후 돌봄 서비스를 제공하여 풍성한 아동 청소년 복지를 위해 노력하고 있습니다. 우리도 현재 학교에서 시행하고 있는 '방과후 학교', '돌봄 교실', '복지 업무'를 지방자치단체에서 수행할 수 있는 방안을 찾고 연구해야 할 것입니다.

이제 방과후학교처럼 보편적인 학생 지원이 아니라, 특수한 재능을 지닌 학생이 대상인 영재교육과 관련된 사업을 살펴보겠습니다.

사업명	예산 (단위: 천원)
영재상담프로그램 운영	19,000
영재교육원운영	3,002,303
영재교육원운영	108,603
영재교육연수	51,574
영재교육선발도구개발	56,100
영재교육담당교원전문성신장 (온라인 추천에 대한 담당교사 안내 연수)	27,200

---

30) 김영빈, 방과후 탁아프로그램 개발을 위한 기초조사 연구, 서울여자대학교 대학원 석사학위청구논문(1994), 23. 염광섭, 초등학교 방과후 교육 프로그램의 질 평가 연구, 인하대학교 교육대학원 석사학위청구논문(1999), 40.

사업명	예산 (단위: 천원)
영재교육담당교원전문성신장 (영재학급 및 영재교육원 운영 교사를 대상으로 하는 영재교육운영 을 설명하는워크숍)	8,300
영재교육담당교원전문성신장(그 외)	30,000
영재교육내실화지원	57,520
영재교육 컨설팅단운영	2,200
총 합계	3,362,800

영재교육진흥법에 따라 총 33억 이상의 예산을 사용하여 진행하는 위와 같은 영재 관련 사업들을 학교교육에서 반드시 실행해야 할까요? 2017 서울교육정책 현장평가단은 우리나라의 영재교육 정책이 본질적인 문제를 안고 있다고 지적했습니다.[31] 재능을 타고난 영재를 발굴하여 그에 맞는 수월성 교육을 시키고자 하는 원래의 취지에서 벗어나, 상위권 학생들의 스펙 쌓기 수단으로 변질되었다는 것입니다. 실제로 현장에서 가르칠 때 보통 학생과는 다른 '영재'로 분류할 만한 학생은 극히 드뭅니다. 두세 학교마다 영재학급을 만들 만큼 그 수가 많지 않습니다. 우수한 성적의 상위권 학생과 '영재'를 구분하지 않고 이름뿐인 영재교육을 시행해온 것이 현재에 이르렀습니다.

정말 타고난 재능을 가진 영재를 위해 교육을 하려면 체계적인 시스템이 필요합니다. 이는 일반 학생들을 대상으로 하는 학교 교육에서 다룰 수 있는 영역이 아닙니다. 오히려 대학에서 운영하는 전문 영재교육기관에 예산을 지원하여 전문적이고 체계적인 '영재교

31) 2017년 서울교육정책 현장 평가단 교육정책정비 대토론회 자료집. p42~43.

육'이 이루어 나갈 필요가 있습니다. 이 점에서는 영재교육과 방과후 교육이 비슷한 면이 있습니다. 대학교육기관이나 영재를 위한 특수교육기관이 주축이 되어 보다 전문적이고 체계적인 방식으로 영재교육을 진행하는 것이 지금과 같은 방식의 허울뿐인 영재교육을 효율적으로 개선하는 방안이 될 것입니다.

공교육은 1%의 영재가 아니라, 대다수의 평범한 학생들에게 혜택이 돌아갈 수 있도록 초점을 맞춰야 하지 않을까요? 그렇다면 교육청에서는 학교가 본래의 교육활동 수행을 위해 수업연구와 학생생활지도에 집중할 수 있도록 지원해야 합니다.

④ 그 밖의 지원 영역
- 시설지원, 모니터링, 학부모지원, 기타지원

지금까지 살펴본 '업무지원', '연수지원', '학생지원' 영역과 달리, '시설 지원'은 교사의 업무와 직접적으로 관련된 영역이 아니라, 행정실에서 다루는 업무들입니다. '시설지원' 사업을 보다 효율적으로 추진하기 위한 논의들도 있어야 하겠지만, 현장 교사의 경험과 닿아있지 않는 사업이 대부분입니다. 이런 이유로 '시설지원' 사업은 이 영역에 속하는 사업의 목록만을 제시하고 넘어가겠습니다.

그래도 한 마디 보태자면, 항상 춥거나 더우며, 깨끗하기보다는 더러울 때가 많고, 최신 보다는 구식인 시설이 많아서 대체로 불편한 환경이기 일쑤인 대다수의 학교에서 근무하고 생활하는 교사와 학생 입장에서는 시설 지원 영역의 예산이 확충되기를 바랍니다. 다만 선심성 공약으로 시행되어 낭비되는 것이 아니라, 정말 필요한 곳에 효율적으로 쓰이길 원합니다. 또한, 다른 영역과 마찬가지로 단위학교에서 자율적으로 어떤 시설을 개선할지 협의하여 정해서 교육청에 제시하면 교육청에서 검토하여 예산을 보내는 방식으로 개선되어야 할 것입니다.

서울시 교육청 사업 중 '시설지원' 사업 분야로 분류되는 사업 목록은 다음의 21개입니다.

연번	사업명	사업 근거	예산 (단위:천원)
1	안전하고 쾌적한 학교환경 조성	지방교육재정교부금법,서울특별시 사립학교 재정지원에 관한 조례,서울특별시립학교 시설물 안전 및 유지관리에 관한 조례	263,617,577
2	꾸미고 꿈꾸는 학교 화장실 만들기	교육청-서울시 협력사업	41,282,300
3	아름다운학교생태정원가꾸기	서울시협력사업	1,000,000
4	스마트스쿨구축및운영	교육부 스마트교육 추진전략(교육정보화과-3855, 2011.07.13)	435,696
5	어린이활동공간 환경안전 관리	환경보건법	221,765
6	정화구역및교육환경평가시스템관리	학교보건법 제5조	61,800
7	개방형실험실 운영	서울시교육청 행정기구 설치조례 시행 규칙	59,144
8	학교급식미생물검사	학교급식법 제19조, 동법시행령 제14,15조 및 동법 시행규칙 제8,9조	37,979
9	학교주변 유해업소 합동단속 관리	학교보건법 시행규칙 제4조	21,120
10	HACCP 검증검사	학교급식법 제19조, 동법시행령 제14,15조 및 동법 시행규칙 제8,9조	19,736
11	환경위생 관리자교육	학교보건법시행규칙제3조의3,서울특별시교육청행정기구설치조례,제23조및시행규칙제42조,서울시교육청	5,776
12	교육환경평가(학교보건위원회 운영)	학교보건법 제6조의2	4,000
13	학교급식 시설설비 향상을위한컨설팅	서울특별시교육청 행정기구 설치 조례 시행규칙 제43조	2,540

14	방사능 정밀검사	서울특별시교육청 방사능 등 유해물질로부터 안전한 식재료 공급에 관한 조례	-
15	학교 교사내 환경위생관리에 관한 업무	학교보건법제4조및같은법시행규칙제3조, 학교 환경위생 및 식품위생 점검기준(교육과학기술부 고시 제2009-37호)	-
16	학교 먹는 물 및 구내식당·매점 위생관리 업무	학교보건법제4조및같은법시행규칙제3조, 학교 환경위생 및 식품위생 점검기준(교육과학기술부 고시 제2009-37호)	-
17	학교 석면 실태조사 및 관리 등에 관한 업무	석면안전관리법,학교보건법제4조및 같은법시행규칙제3조, 학교 환경위생 및 식품위생 점검기준(교육과학기술부 고시 제2009-37호)	-
18	수영장운영관리	주요업무계획	-
19	운동장운영지도	주요업무계획	-
20	창의융합형 과학실험실 환경 구축		
21	학교주변 유해업소 합동단속 관리	학교보건법 시행규칙 제4조	-

다음으로, 저희가 '학부모 지원' 영역으로 분류한 사업은 아래 4 개밖에 없었습니다.

연번	사업명	사업 근거	예산 (단위:천원)
1	학부모 관련사업 (학부모학교참여지원)	서울특별시교육청 학교 학부모회 구성 및 운영 등에 관한 조례, 주요업무계획, 교육부 연계 사업	3,767,582
2	학부모지원센터	주요업무계획, 교육부 연계 사업	1,120,000
3	학부모가 운영하는 평생교실	평생교육법 제29조「학교의 평생교육」 서울시교육청 평생교육 활성화 조례 제16조「학교의 평생교육」	126,750
4	학부모진로교육지원단양성연수	교육부 시책 사업	67,800

700개에 달하는 사업 중에서 '학부모 지원' 영역에 해당하는 사 업이 4개뿐이라는 사실은 놀라운 일입니다. 4가지 사업의 내용을

살펴보면, 학부모회 구성, 평생교육, 자녀의 진로교육과 각 시도에서 운영하는 학부모지원센터와 관련된 사업입니다. 그런데 학부모회 운영을 지원하는 것을 제외하면 '학부모 동원'을 필요로 하는 사업이지 실제로 학부모를 지원한다고 보기는 어렵습니다.

그나마 학부모지원센터에서는 학부모대학을 포함하여 다양한 학부모 상대 강좌를 제공하고 있습니다. 학부모 대상 강좌를 통해 학부모의 교육력을 향상시키는 것은 분명 가치 있는 사업입니다. 문제는, 이런 연수에 참여하는 학부모들은 이미 충분한 정보와 공부를 통해 훌륭한 양육 방식을 배우고 실천하는 분들이 많다는 것이죠. 시간적, 경제적으로 여유가 있는 학부모만이 이런 연수, 강의에 참여할 수 있는 것이 현실이기 때문입니다.

최근 정서적 측면에서 어려움을 겪는 학생들이 많은데 그들의 본질적인 문제를 해결하기 위해서는 학생이 아닌 학부모 교육이 필요합니다. 부모의 양육 태도, 소통 방식 등에 문제가 있을 경우에 자녀에게서 정서적 문제가 발생하는 일이 많기 때문입니다. 현장에서 겪어 보면, 학생의 문제 행동이나 정서적 어려움을 해결하기 위해 적극적으로 나서서 돈과 시간을 들이는 학부모는 많지 않습니다. 자신의 양육 방식에 문제가 있는지 점검하는 자체를 꺼릴 뿐 아니라, 동의한다고 해도 그에 따르는 비용을 지불할 만한 경제력이 뒷받침되지 못하는 경우도 많습니다. 그렇다면 학생들에게 가장 큰 영향을 끼치는 학부모에 대한 지원도 이런 쪽에서 시도하는 것도 좋을 것이라 생각합니다. 생애교육의 차원에서 학부모의 교육(특히 자녀이해 교육, 의사소통 방식 개선 등)을 주기적으로 교육청에서 실시하고 필수적으로 참여할 수 있도록 직장으로 인력이나 재정을 지원하는 것도 방법입니다. 학부모를 위한 상담도 확대하여 단순히 학생의 진로에 대한 정보만 제공하는 것이 아니라, 내면을 치유하고 돌볼 수 있도록 전문 상담을 지원하는 것도 좋을 것입니다. 학부모를 지원하는 사업은 이제야 시작되었다고 해도 과언이 아닙니다. 깊이 있고 폭넓은 연구를 통해 학부모가 교육의 한 주체를 담당할 수 있도록 역량을 키워가야 합니다.

학교와 교육청의 여러 부분을 '모니터링'하는 영역의 사업은 아래와 같이 총 8개입니다.

연번	사업명	사업근거	예산 (단위:천원)
1	현장평가단운영	주요업무계획	278,306
2	목요만만토론	주요업무계획	110,000
3	성인권 정책 모니터링		17,480
4	장애학생 인권보호 상설모니터단 운영(장애학생 인권지원단 운영)	교육부 추진 사업	2,326
5	학교급식 학부모 모니터링	학교급식법제19조 교육부학생건강증진기본방향	-
6	학생지역협력모델구축운영 지역청 사례토의	교육감 공약 2-5-나	-
7	학교평가	초중등교육법제9조 초중등교육법시행령제11조~13조	-
8	학교급식 품질향상 세미나	학교급식법 시행령 제15조, 서울특별시교육청 행정기구 설치 조례 시행규칙 제43조	-

모니터링 영역의 사업들은 자체적으로 해당 활동을 점검하고 결과를 피드백 한다는 점에서 중요한 가치가 있습니다. 평가를 위해서 해당 활동의 실수요자 목소리를 듣게 한다는 점에서도 의미가

있습니다.

이 중에서, 저희가 참여했던 '현장평가단 운영' 사업은 교육청의 정책 사업을 검토하고 정비하도록 학교 현장의 목소리를 듣는 사업입니다. 이러한 정비를 통해 교육청의 불필요한 업무가 조금이라도 줄고, 부서별로 흩어져 있던 업무가 통합되는 등의 업무 재구조화가 이루어진다는 점에서 앞으로도 필요한 사업이라고 생각합니다. 그러나 현장평가단의 평가가 교육청 사업의 폐지, 축소, 통합으로만 국한하여 제안하도록 되어있어 사업 운영에 대한 교사들의 구체적인 의견을 수렴하기 어려운 점도 있었습니다. 평가단의 제안이 전적으로 받아들여지지 않는 점도 문제입니다. 그 해에는 사업을 없애거나 축소하기로 결정했는데 다음 해에 슬그머니 부활하는 경우가 꽤 있습니다. 이왕 이 정책을 통해 업무를 재구조화하겠다면, 보다 적극적으로 평가단의 의견을 반영하길 바랍니다.

학교 교육력 제고를 위해 학교의 활동을 점검하는 '학교평가' 사업은, 학교를 모니터링 하는 사업에 해당합니다. 그런데 '학교 평가'의 경우에 평가 대상과 주체를 정비할 필요가 있습니다. 일반 학교를 대상으로 평가 주도권을 교육청이 잡는 현재의 방식은 관리자들이 교육청이나 장학사의 요구에 순응적으로 맞추어 학교 현장의 요구나 필요와 상관없이 학교를 운영하는 결과를 만들 수 있습니다. '학교 평가'의 주도권은 교사, 학부모, 학생에게 주어져야 합니다. 그래야 교사와 학부모, 학생이 만족하는 행복한 학교를 만들기 위해 학교 구성원 모두가 협력할 것입니다. 교육청에서는 학교를 감독하기 위해 평가하는 것이 아니라, 구성원들의 모니터링 결과를 보면서 해당 학교에 필요한 지원을 해줄 궁리를 하는 방향으로 바꾸어야 합니다.

마지막으로 '기타' 영역의 사업들이 총 93개 존재합니다. 이 영역에 속하는 상위 20개 사업의 목록은 다음과 같습니다.

연번	사업명	사업 근거	예산(단위:천원)
1	전국연합학력평가 총 주관교육청 및 출제	시도교육감협의회	6,321,868
2	대학수학능력시험 시행	행정권한의위임및위탁에관한규정 제22조	5,024,285
3	학교흡연예방사업	교육기본법 제27조, 학교보건법 제7조, 보건복지부 지침	4,414,478
4	서울시교육감배 학교스포츠클럽대회	학교체육진흥법 제6조	2,938,178
5	학력인정문해교육프로그램	평생교육법 제39조, 제40조	1,718,700
6	전국소년체육대회	국민체육진흥법제9조,학교체육진흥법제6조	1,331,730
7	전국체육대회	학교체육진흥법 제6조	700,850
8	학교홈페이지구축운영	주요업무계획	666,640
9	산업분야별 특성화고 운영	초중등교육법 제91조, 주요업무계획	618,000
10	인정도서심사	교과용도서에 관한 규정	555,688
11	직업기초능력평가	교육부 연계 사업	531,000
12	자사고 입학전형관리	초중등교육법시행령제77조, 82조,92조	476,782
13	혁신교육미래연구소운영	서울특별시 행정기구 설치 조례 시행규칙 제15조	410,950
14	특수교육교수학습지원 (꿀맛무지개학교)	장애인등에 대한 특수교육법시행령10조	330,735
15	전국학교스포츠클럽대회	교육부추진사업	258,000
16	서울교육종단연구	서울교육효과성제고를위한서울교육종단연구추진안(2010.3.서울시교육청기획예산담당관)	256,482

연번	사업명	사업 근거	예산(단위:천원)
17	외고, 국제고자기주도학습전형 등 지원 및 운영	특수목적고등학교의지정및 운영에관한훈령제16조	255,674
18	초등안심서비스지원	주요업무계획	222,400
19	범죄예방환경설계(CPTED) 운영	교육부추진사업	220,000
20	방과후학교 사회적협동조합 시범학교 운영	교육감 공약사업	201,250

수학능력평가시험, 전국모의고사, 외고 및 국제고 자기주도학습전형, 자사고 입학전형 관리, 산업분야별 특성화고 운영과 같이 주로 상급학교 진학에 따르는 입학전형 관리와 고교체제 운영과 관련된 교육청의 사업, 각종 스포츠 대회 등 지금까지의 분류에 해당하지 않으면서 교육청이 하고 있는 기타의 업무들이 이 항목으로 분류되었습니다. 입시체제와 고교체제에 대한 교육부의 정책방향에 기초하여 교육청이 실무를 운영하는 사업들은 우리 연구와 특별히 관계가 없는 교육청 고유 업무이기 때문에 논의에서 제외합니다. 기타 영역에 해당하는 사업 중에서도 학교에 업무를 부담시키는 것이 있다면 속히 폐지되기를 바랄 뿐입니다.

⑤ 불필요한 교육청의 사업들

지금부터는 교육청이 추진하고 있는 사업들 가운데서 '학교 자율성' 증진에 방해가 되는 불필요한 사업들을 살펴보고자 합니다. '불필요한 영역'이란 말에 오해가 없으시길 바랍니다. 불필요하다는 표현은 사업 자체가 교육활동에서 필요 없다는 의미가 아니라, 교육청이 사업을 벌이는 방식으로 진행될 필요 없이 학교 교육과정을 중심으로 교육활동을 통해 이루어질 수 있다는 점에서 굳이 교육청이 사업을 벌일 필요가 없다는 의미입니다.

아래는 불필요한 사업들로 판단된 총 164개의 목록 가운데 예산액이 많은 상위 20개 사업입니다. ('중학교 협력종합예술활동' 사업은 서울시 교육청의 주요 정책 사업이기도 하므로 다음 장에서 따로 논의해보겠습니다.)

연번	사업명	사업 근거	예산(단위:천원)
1	원어민 영어보조교사 배치	2016 서울영어교육 강화추진계획	18,429,750
2	영어회화 전문강사 배치	초중등교육법 제42조제5항	16,147,032
3	중학교 협력종합예술활동	문화예술진흥법	3,179,100
4	대한민국 행복교육 박람회 (대한민국 미래교육 박람회)	교육부 추진 계획	3,000,000
5	우리학교 고운색 입히기	교육청-서울시 협력사업	1,300,000
6	초등CCTV 통합관제센터운영	학교폭력예방및대책에관한법률	1,049,936
7	EBS 영어교육방송 지원	교육부 교육과정정책과-1951(2016.03.28.)	713,000
8	진로활동실 구축 및 운영 지원	교육부 시책 사업(진로교육법, 조례 제6조)	662,200
9	영어교사 심화연수	교육부 교육과정 정책과-722(2016.02.25.)	549,940
10	행복한 수학교육	교육부추진사업	538,000
11	우리학교역사의벽(Wall)함께만들기	교육감 공약사업	478,340
12	(과학)영재학교운영	영재교육진흥법제6조	465,000
13	체육중점학교운영	교육부추진사업	450,000
14	전국 학교예술교육 페스티벌	교육부추진사업	406,000
15	서울미래학교설립및운영	서울미래학교 설립 추진계획(2014. 2. 4. 교육감 결재)	384,282
16	체육중점학급운영	교육부추진사업	380,000
17	다문화예비학교 운영	다문화가족지원법 제6조 및 동법 제16조, 주요업무계획	364,000
18	사이버가정학습운영 (꿀맛닷컴운영)	주요업무계획	351,878

연번	사업명	사업 근거	예산(단위:천원)
19	ICT 융합예술콘텐츠 개발	교육부추진사업	300,000
20	7560+운동 선도학교 지원	교육부추진사업	300,000

20개의 항목 중에 영어 교육과 관련된 사업이 많습니다. 서울시 교육청에서 영어 교육을 중요하게 생각하고 있다는 뜻이기도 한데, 저희가 생각하기에 이는 단위 학교에서 교육과정을 운영하면서 충분히 녹여낼 수 있는 것이며 따로 사업으로 진행하는 것은 불필요하다고 생각합니다.

먼저 '원어민 영어보조교사 배치' 사업에 대해 '2017 서울교육정책 현장평가단'은 사업의 축소 및 폐지를 제언하고 있습니다.32) 평가단은 원어민 영어보조교사들의 교육력 검증이 어려워 교수학습능력에 개인차가 심하고, 담당교사가 지도교사로서 원어민 보조교사를 어떻게 지도하는가에 따라 수업지원 능력이 크게 차이가 난다는 문제를 지적했습니다.(관련 기사33)) 이미 일반적인 영어과 교사들도 의사소통 중심으로 말하기, 듣기, 읽기, 쓰기의 활동수업을 진행하는 것이 가능하다는 점을 고려할 때 '원어민 영어보조교사'를 채용할 예산으로 영어교과 전담교사를 확대하는 것이 오히려 효과적입니다.

---

32) 2017년 서울교육정책 현장평가단 교육정책정비 대토론회 자료집. P104.
33) "초·중 원어민 영어보조교사 '글쎄요'" : 광주교육청 소속 교사 212명 설문 결과, 원어민 영어교사가 투입 예산 대비 비효율적이라는 의견이 70% 가량. 이유로는 원어민교사의 역량부족, 불성실한 근무태도(시간때우기식 수업 등), 교육경험 부족 등을 꼽았다. 초등학교의 경우 알파벳도 모르는 학생들이 많다는 점에서 내국인 교사가 영어를 가르치는 게 더 효과적이라는 지적이 있었다. (광주일보, 2018. 3. 2, http://www.kwangju.co.kr/read.php3?aid=1519916400625346021)

'영어회화전문강사 배치' 사업도 위 사업과 비슷한 상황입니다. 어차피 영어회화전문강사들이 현장에서 영어회화 수업만을 특화하여 진행하는 것이 아니라, 기존의 영어교사들과 함께 영어 수업을 수준별로 나누어 기존의 영어교사들이 담당하는 수업을 진행하는 경우가 대부분입니다. 교사가 더 필요하다면 정규직 영어교사를 더 채용해야 수업의 질을 보장할 수 있습니다. 지금과 같이 비정규직 강사를 채용하는 것으로는 예산만 낭비하고 학생들에게 유익한 수업이 보장되지도 않습니다.

안타까운 것은, 이미 이러한 사업의 비효율성을 실감하여 2012년부터 원어민 보조 교사나 영어회화 전문 강사의 비중을 줄여오던 서울시 교육청이, 영어 공교육 활성화라는 차원에서 다시 모든 초등학교에서 원어민 교사를 배치하는 등, 각종 영어 관련 사업을 확대할 계획이라는 것입니다.[34] 초등 1, 2학년의 방과후 영어 수업이 금지되면서 학부모들의 영어 교육 격차 우려를 해소하기 위한 방안이라고 하는데, 이미 비효율적이라고 평가 받은 정책을 다시 살려서 쓰려고 하는 것은 단순한 선심성 정책으로 보입니다. 더구나 최상의 인재들로만 선발된 초등 교사를 믿지 않고, 원어민 보조 교사를 통해 '공교육'을 활성화한다는 것은 어불성설이 아닐까요? 현재 진행되고 있는 초등 영어 교육을 내실화하는 지원이 더 필요해 보입니다.

---

34) "2012년 2학기부터 영어원어민 교사 점진적 축소" (시민일보, 2011.12.11, http://news1.kr/articles/?3279080)
   "내년 모든 서울 공립초에 원어민교사 배치한다" (뉴스1, 2018.4.3, http://news1.kr/articles/?3279080)

영어만을 지나치게 강조하여 정책 사업을 펼치는 것은, 다른 과목과의 형평성에도 어긋납니다. 'EBS 영어교육방송 지원', '영어교사 심화연수' 사업은 이런 의미에서 불필요하다고 판단했습니다. EBS의 다른 과목은 지원하는 사업이 없는데, 왜 영어교육방송만 따로 콘텐츠 개발 등에 교육청이 지원해야 합니까? EBS 방송사 차원에서 자체적인 개발 노력을 해야 하는 것이 아닐까요? 왜 '영어과' 교사만 심화 연수가 필요합니까? 서울시교육연수원에서 하는 과목별 전문 연수 외에 서울시 교육청이 따로 이 연수를 추가하여 진행해야 하는 이유는 무엇입니까?

비슷한 이유로, '행복한 수학교육', '(과학) 영재학교 운영', '체육중점학교 운영', '체육 중점학급 운영'도 불필요하다고 생각합니다. 이 사업들은 사실 교육부 정책, 영재교육진흥법에 따른 사업이라서 교육청에서는 어쩔 수 없이 진행하는 면이 큽니다. 영재교육과 관련해서는 앞에서도 논의를 한 것처럼, 본질적으로 교육적이라고 할 수 없습니다. 수학, 체육 교육도 중요하지만, 그렇다면 중요하지 않은 교과는 어떤 것입니까? 진로교육을 강조하는 차원에서 시행하는 '진로활동실 구축 및 운영 지원'도 비슷합니다. 이미 대부분의 학교에 '진로활동실'은 구축되어 있고, 학교의 어떤 분야든 예산이 필요 없는 곳은 없죠. 교육부에서 대통령의 선심성 공약 때문에 사업을 새로 만들어 예산을 뿌리기보다는, 학교의 기본운영비를 증액하여 단위학교에서 자율적으로 교육과정을 충실하게 구성할 수 있도록 지원하길 기대합니다.

'대한민국 행복교육(미래교육) 박람회'는 정부에서 진행하는 전시성 행사의 대표적인 예입니다. 대체 누구를 위한 박람회입니까? 이 박람회에서 홍보하는 내용은 이미 각 학교마다 충분히 알리고 있는 것이 아닙니까? '전국 학교예술교육 페스티벌'도 비슷합니다. 예술 교육의 결과물을 공유하는 것도 좋지만, 누구에게 보여주기 위한 행사일까요? 교육부 사업이 아니라, 교육청 자체적으로 실시한 '우리 학교 고운 색 입히기', '우리 학교 역사의 벽(Wall) 만들기' 사업도 굳이 필요한 사업입니까? 학교의 환경을 바꾸는 일은 분명 필요한 일이지만, 역시 학교 자체적으로 판단하여 할 수 있는 일입니다. 시설비를 증액해서 내려주면 될 일입니다. 서울시 학생들의 운동 습관을 기르게 도와준다는 '서울학교 7560+ 운동35)'도, 일반적인 체육 교과에서 녹여내야 할 것을 굳이 사업으로 만들어 진행하는 것이라 불필요하다고 생각합니다.

'초등 CCTV 통합관제센터'는 서울시내 25개 자치구에 설치되어 있습니다. 10여 명의 상주 인력으로 24시간 감시체제를 갖춘다는 목적으로 2011년 말에 만들어졌습니다. 그런데 실제로는 초등학생 대상으로 하는 범죄 예방 교육 프로그램을 하는 역할을 담당하고 있습니다. 어차피 하나의 지역구에 수십 개의 초등학교가 있는데 그 주변을 다 감시할 수도 없습니다. 이럴 바에는 각 단위 학교에 더 좋은 화질의 CCTV를 많이 설치하도록 하는 것이 좋겠습니다.

'서울 미래학교 설립 및 운영', '다문화예비학교 운영'도 다 취지는 좋고 중요한 일이죠. 그런데 학교 입장에서는 교육청에서 각종

---

35) 일주일(7일)에 5일, 하루 60분 이상 지속적으로 신체활동을 하도록 하자는 취지의 운동. 2010년부터 실시됨.

시범·연구학교를 운영하는 일 자체가 피곤한 일입니다. 지역적 특성을 고려해서 단위학교에서 다문화 학생들을 배려하는 교육과정을 운영하고, 새로운 시대를 대비하여 교수학습 방식을 개선하는 등의 노력은 단위학교에서 자체적으로 할 일이 아닐까요? 대개의 연구학교에서는 원하는 목적이 나오도록 결과를 유도하는 일이 많습니다. 연구사업을 진행하는 교사 외에는 무슨 연구를 하고 있는지 모르는 경우도 있습니다. 교사가 수업과 학교생활에 집중하도록 해주면, 자연스럽게 해결될 일인데 굳이 연구학교, 시범학교를 만드는 건 아닐까요?

'사이버가정학습(꿀맛닷컴) 운영', 'ICT 융합예술콘텐츠 개발'은 얼핏 보기에 지금과 같은 인터넷 시대에 적합한 학습을 제공해주는 좋은 사업 같습니다. 그런데 현재까지 정부나 교육청에서 만든 온라인 학습도구 중에 학생들에게 적극적으로 활용되고 있는 것이 없다는 것이 문제입니다. 이제 2017년 12월 31일자로 꿀맛닷컴 서비스가 종료되고, e-학습터라는 사이트로 운영된다고 하는데 과연 얼마나 활성화될지는 모르겠습니다. 교육청에서 정말 온라인 학습을 활성화하고 싶다면, 더 본격적인 연구를 통해 학생들에게 사교육 업체보다 더 흥미를 끌면서도 뛰어난 품질의 콘텐츠를 만들어야 할 것입니다. 지금과 같은 운영은 예산 낭비일 뿐입니다.

이상으로, 서울시 교육청에서 시행하고 있는 700개의 정책 사업을 저희가 정한 기준에 따라 분류하고 예산액이 큰 순서대로 살펴보았습니다. 서두에 말씀드렸다시피, 사업명만 보면서 사업의 필요성 여부를 판단하는 것은 무리가 있을 것입니다. 현장 교사들의 직관적 판단 결과에 불과하지만, 분명히 교육계에 던지는 시사점이 있다고 생각합니다. 사업 분석을 하면서, 저희는 다시 한 번 교육청에서 이 많은 사업을 다 할 필요가 없으며 가급적 단위 학교에 자율성을 부여하는 방향으로 업무가 재구조화되어야 한다는 생각을 했습니다. 이 글을 읽는 분들은 어떻게 생각하시나요? 여러분께서 직접 700개의 사업 목록을 확인하고 싶다면 부록을 읽어보십시오.

분류	사업 수	백분율
학생지원	185	26.4%
불필요	164	23.4%
업무지원	146	20.9%
기타 영역	93	13.3%
연수지원	79	11.3%
시설지원	21	3.0%
모니터링	8	1.1%
학부모지원	4	0.6%
합계	700	100.0%

[서울시 교육정책사업 항목별 통계]

이제 다음 장에서는 2017 서울시 교육청의 핵심 사업 14개를 더 자세히 들여다보면서 각 사업이 학교 자율성의 관점에서 정말 필요한 것인가를 생각해보도록 하겠습니다.

2. 2017년 서울시 교육청의 주요 정책 사업

가. 2017 서울시 주요업무계획

이것은 2017년 서울시 교육청에서 발표한 주요업무계획에 실린
자료입니다. 모두 교육적 가치가 있고 좋은 내용이라는 것을 알 수

있습니다. 이어지는 교육비전, 교육지표, 정책방향의 세부 설명을 보시죠.

교육비전

모두가 행복한 혁신미래교육

혁신미래교육은 교육의 혁신을 통해서 희망의 미래를 열어가는 교육을 의미한다. '모두가 행복한 혁신미래교육'은 경쟁, 서열, 성과 위주의 교육보다는 자율과 창의성을 기르는 민주적인 교육, 협력의 원리에 기초한 지성·감성·인성의 균형 있는 발전을 촉진하는 교육, 모든 학생들에게 질 높은 교육 기회를 제공하는 책임교육을 지향한다.

교육지표

질문이 있는 교실, 우정이 있는 학교, 삶을 가꾸는 교육

'질문이 있는 교실, 우정이 있는 학교'는 우리 학생들이 공부하고 생활하는 가장 기본적인 공간인 교실의 이상적인 모습과 배려와 따뜻한 어울림이 넘치는 학교의 모습을 그리고 있다. '삶을 가꾸는 교육'은 삶의 참된 가치를 일깨워주는 '살림의 교육'으로서 우리 아이들에게 스스로 살아갈 수 있는 역량뿐 아니라 더불어 함께 살아가는 지혜를 키워주는 교육을 의미한다.

정책방향

정책방향 1. 지성·감성·인성을 기르는 창의교육
- 우리 아이들에게 아름다운 미래를 열어갈 창의적 역량을 키워주는 교육
- 지성과 감성이 균형을 이루며, 따뜻한 인성을 갖춘 인재상(像) 지향
- 질문하고 토론하고 협력하며, 활기 넘치는 교실 모습 추구

정책방향 2. 모두의 가능성을 여는 책임교육
- 학생 각자가 지닌 가능성을 최고로 발현시키도록 하는 교육
- 모든 학생들에게 균등한 교육기회 보장
- 학생 각자의 여건에 맞는 맞춤형 교육 지원

정책방향 3. 학생·교사·학부모·시민의 참여교육
- 학생, 교사, 학부모, 시민 모두가 주인의식을 가지고 참여하는 교육
- 토론과 협의를 통한 평등하고 민주적인 학교 자치 실현
- 지역사회와 소통하고 함께하는 교육활동, 지역의 인적·물적 자원 적극 활용

정책방향 4. 안전하고 신뢰받는 안심교육
- 모든 교육활동의 기본인 학생의 안전과 건강을 보장하는 교육
- 안전하고 쾌적한 환경 속에서 행복한 학교생활 영위, 올바른 인성 함양
- 학교폭력 없는 평화로운 학교, 안전한 교육시설, 친환경적인 안심 급식 제공

정책방향 5. 소통하며 지원하는 어울림 교육행정
- 이해와 공감의 자세로 학교를 지원하고, 현장의 소리에 귀 기울이는 교육청
- 학교와 동반자적 입장에서 소통하고 지원하는 교육행정 구현
- 교사들이 교육활동에 전념할 수 있는 다각적 행정 지원

상세히 읽어 볼수록 교육적으로 반드시 필요한 일을 하고 있다는 생각이 듭니다. 서울시 교육청이 아주 잘 하고 있다는 생각에 자랑스러워지기도 합니다. 그런데, 잠시 앞장의 논의를 떠올려 보시죠. 학교 현장에서 요구하는 교육청은 학교의 업무를 '지원'하는 것이어야 합니다. 그러면 교육청이 현재 중점적으로 추진하고 있는 사업들은 학교를 지원하는 것일까요?

물론 비전이나 지표, 정책방향은 훌륭합니다. 교육청 차원에서 이러한 방향을 놓고 지역의 교육을 책임지고 바람직한 방향으로 선도하는 것은 중요하죠. 그런데 문제는 이러한 방향으로 학교 현장을 바꾸기 위해 새로운 사업이 생겨난다는 것입니다. 앞에서 보셨다시피, 하나의 사업은 반드시 예산을 수반하고 그것은 어떻게든 집행되어야 합니다. 형식적인 것이 될지라도 말입니다. 교육청의 정책사업이 학교 현장에서 기본적으로 수행하고 있는 일에 녹여낼 수 있는 사업이라면 좋겠지만, 그렇지 않은 경우가 많습니다. 때로는 수업 시간에 하고 있는 일을 정책사업과 연계해보려고 하기도 하지만 예산을 제한적으로 사용하도록 하는 경우도 있죠. 그러면 결국 별도의 시간을 들여서 학교에서도 뭔가 프로그램을 해야 합니다. 교사로서는 아무리 좋은 정책이라도 이렇게 일이 더해지면 기존 수업에 들어가는 품은 줄게 마련입니다.

그러니 이제는 보여주기 식으로 빽빽하게 들어찬 정책보다는, 기존에 하고 있는 수업과 행정업무를 어떻게 줄일 수 있을지를 연구하는 것이 필요한 시점입니다. 정책의 방향을 바르게 정했다면, 나머지는 학교에서 하는 것을 지켜봐주는 것이 어떨까요? 이를 위해 주요 정책 사업을 조금 더 자세히 살펴보도록 하겠습니다.

나. 주요 정책 사업 분석[36]

① 학교 안전 지원체계 구축 및 체험중심 안전교육 강화

이 사업은 서울시교육청 '교육안전기본조례'(2015.4.2.)에 따른 것입니다. 학교 안전 모니터링단 및 평가단을 운영하고, 교육안전위원회 및 안전정책조정협의회를 연 4회 운영하여 학교 구성원의 안전의식을 키우고 안전조치 대응체계를 확립하도록 하는 사업입니다. 유관기관과의 협력체계를 구축하며 체험중심 안전교육을 통해 학교의 다양한 안전사고를 예방하고 대응하도록 하는 것이 핵심입니다.

이 사업은 세월호 사건 이후 안전사고에 대한 경각심 때문에 강화되었다고 볼 수 있습니다. 그런데 여전히 현장에서 느끼기에는 형식적이고 책임 면피용 사업 같다는 생각이 듭니다.

안전 불감증이 여전히 만연한 우리 사회에서, 학교 구성원의 안전의식을 강화하기 위해서는 외부 전문가를 통한 체험식 연수가 필요합니다. 다행히 심폐소생술은 매년 학생과 교사 교육이 의무화되어 강사가 지원됩니다. 하지만, 나머지 다양한 사건과 사고에 대해서 체험식 연수를 할 수 있을까요? 최근 경상권에서 강한 지진이 발생했지만 제대로 대피를 한 학교가 얼마나 될까요? 소화기를 사용해 불을 직접 꺼 본 학생이나 교사가 얼마나 있을까요?

교육청에서는 교직원 안전교육 연수 실적을 조사하여 보고하도록 합니다. 학교안전계획 추진실적 자체평가표를 제출하도록 하고, 안

---

36) 주요 정책으로 선정된 사업은 2017년 서울시교육청에서 선정한 온라인현장평가단이 설문을 통해 응답한 수가 가장 많은 14개 사업임.

전점검의 날을 운영하고 있는지, 재난대응훈련을 하고 있는지 정도만 확인합니다. 문서로는 얼마든지 안전교육을 할 수 있지요. 하지만 실제로는 어떨 것 같습니까? 수업 시간에 안전교육을 연결해서 실행할 수 있을까요? 과학이나 체육 시간에는 수업활동에 따라 가능하겠지만, 나머지 교과에서는 교사의 특별한 관심이 없다면 다뤄지기 어렵습니다. 창의적 체험활동 시간에 안전교육을 하도록 되어 있지만, 강사가 배정되지 않으면 문서로 배부되고 말 뿐입니다. 재난대응훈련, 안전점검의 날을 다 하긴 합니다만, 긴장감 없이 친구들과 잠시 운동장에 내려갔다가 올라오는 연습이 실효성이 있을 리 없습니다. 결국 이 사업은 유명무실한 정책이 되어 있는 실정이죠.

위원회나 계획도 물론 필요합니다만, 정말 학교의 안전이 걱정된다면 안전교육 시간을 현실화하여 소방서, 병원 등과 연계하여 전문 강사를 각 학급에서 체험 중심으로 교육할 수 있도록 지원해주는 것이 더 필요합니다. 교직원에게 실시하는 안전교육도 지금처럼 원격연수로 문자화된 지식을 전달하는 것은 전혀 의미가 없습니다. 연수원과 논의하여 교직원에게 먼저 체험중심 안전교육 연수를 순서대로 받게 해주는 것은 어떨까요? 노후화된 학교 시설을 점검하고 미리 고칠 수 있도록 지원해주는 것도 더 많이 필요합니다.

② 학부모 학교 참여

이 사업은 학부모회 법제화(조례 시행 2016.1.1.)에 따른 것으로, 학부모의 실질적인 교육 활동 참여를 위해 기반을 조성하는 내용이 주된 것입니다. 모든 학교당 1,000천 원을 지원하여 학부모회를 운영할 수 있도록 하였고, 학부모회 학교참여 공모사업을 300교에서 시행했습니다. 학부모회 임원, 학교운영위원회 위원장 연수를 실시하고 학부모교육원을 운영하여 다양한 학부모 교육을 실시한 것도 이 사업의 일환입니다.

학교가 교육의 3주체인 교사, 학생, 학부모가 함께 만들어가는 공동체임을 감안하면, 이러한 학부모 참여 사업은 앞으로도 적극 추진될 것입니다. 그러나 학교 현장에서는 학부모의 참여를 꺼리는 분위기가 많습니다. 일단은 중학교만 되어도 학부모들이 학교에 오는 일이 별로 없습니다. 맞벌이 가정이 많고 휴가를 마음대로 쓸 수 없는 경우가 많아, 직장을 빠지면서까지 학교의 일을 참여할 수 있는 부모님이 적습니다. 그런데도 학부모를 대상으로 하는 사업을 진행해야 하니 업무를 맡은 교사가 참여를 독려하는 것만도 힘듭니다. 학부모회에 관심이 많은 분들이 자원해주면 다행이지만, 그렇지 않으면 내려온 예산을 사용하는 것도 일이죠.

더구나 학부모회에 참여하는 학부모들이 학교를 감시하고 비난하는 목소리만 높이게 되면 분위기마저 험악해집니다. 교사들은 학부모들이 교육공동체의 주체로서 교사의 손이 닿지 않는 부분을 채워주길 바라는데, 학부모는 자녀의 권익 향상을 위한 의견 전달의 통로로서 학부모회의 일에 참여하는 경우가 많아 보입니다. 아직 사회적으로 학부모회에 대한 인식이 낮고 법제화가 된 것이 얼마 안 되어 그러리라 생각합니다. 시간이 필요한 일이겠지만, 당장 학교에서 이 일을 맡게 되는 교사들은 중간에 끼어서 진땀을 흘릴 수밖에 없습니다.

교육청에서 이 사업이 제대로 정착할 수 있도록 더 많은 역할을 담당해주면 어떨까요? 학부모회 연수를 각 지역교육청에서 담당하여 실시하는 것만으로도 학교의 일을 덜어줄 수 있습니다. 학부모 교육을 위한 강사풀을 확보하여 학교의 사업과 연계하도록 지원하는 것도 좋습니다. 학부모회 예산 사용이 더 편리할 수 있도록 계획서나 정산 등의 행정 절차를 간소화하여 업무 담당 교사의 일을 줄이는 것도 필요합니다. 교육청에서는 학부모 참여 실적 조사 등을 통해 학교를 압박하지 말고, 단위 학교가 자율적으로 학부모회를 육성할 수 있도록 분위기와 기반 조성에만 몰두하면 좋겠습니다.

③ 희망 교실

이 사업은 교육여건 격차 해소를 위한 교육복지 사업의 일환으로 2015년부터 시행되고 있습니다. 이 사업에 신청하여 선정되면 담임교사(혹은 동아리 교사)가 기초생활수급자, 법정 한부모, 다문화탈북, 조손, 학업부진, 무기력 등 긴급지원 필요 학생을 여러 방식으로 지원할 수 있도록 한 팀당 70만 원을 받아서 사용할 수 있게 됩니다. 2015년에는 500팀으로 시작했다가 2016년에 1,406팀을 선정했고 갈수록 호응이 좋아서 2017년에는 총 3,000팀으로 확대되었습니다.

이 사업에 교사들이 적극적으로 지원하게 된 이유는, 지원금 70만 원을 평소보다 훨씬 편리하게 학생들을 위해서 사용할 수 있기 때문입니다. 교육청 사업을 할 때 학교로 예산을 배정하여 전자결재 시스템으로 결재를 받아서 예산을 사용하는 것과 달리, 이 돈은 농협에서 일괄적으로 개설해주는 해당 교사의 계좌로 들어오며 범위 내에서 체크카드를 이용하여 쓸 수 있습니다. 그런 후에 나중에 한꺼번에 영수증과 정산서를 제출하죠. 처음에 프로그램 계획을 세우고 그에 맞게 예산 계획을 세웠다가 중간에 바뀌는 경우에도 수정하여 운영하는 것이 자유롭습니다.

이러한 편리성 때문에 학생들을 위해 사용할 자금이 더 필요했던 열정적인 교사들의 입소문을 타고 점점 더 많은 팀이 신청하게 된 것입니다. 그런데 한편으로는 교사 개인의 역량에 따라 학생들에게 돌아가는 지원의 질의 편차가 크다는 문제도 있습니다. 돈을 쓰는 데 큰 제약이 없다는 것을 악용하여 교사가 개인적인 용무로 돈을 써서 벌금을 내는 일도 벌써 생겼습니다.

그런데 이 사업비를 아예 학급운영비 예산으로 증액해서 쓰는 것은 어떨까요? 대개의 경우 이 프로그램에 신청하는 교사는 담임교사이며, 자신의 학급에서 도움이 필요한 학생들을 위해 쓰기 위해 신청하는 경우가 대부분입니다. 그러면 학급운영비를 늘리고 그런 목적으로 쓸 수 있도록 해주는 것은 안 될까요? 현재의 학급운영비는 학급파티 때 사용하면 끝나는 것이 대부분입니다. 증액을 하고 사용처의 예시(교복, 식재료, 학용품, 사제동행 문화생활 등)를 통해 다양한 학생 지원 비용으로 사용할 수 있도록 해주는 것이 좋다고 봅니다. 학급운영비라는 이름이 같아서 혼동될 수 있다면 학생복지 지원비 등 다른 이름을 붙여도 좋습니다. 이렇게 편성된 돈은 3월에 한 번만 계획서를 제출하고 2월에 개산급 방식으로 정산하되,

담임교사의 권한으로 자율적으로 쓸 수 있게 하는 것입니다.

결국 이 사업도 결과적으로는 단위 학교에 해당 예산을 기본운영비에 포함하여 내려주고 자율적으로 예산을 쓰도록 하는 데까지 나아가야 합니다. 학생 복지를 위해서 어떻게 예산을 사용할지 단위학교에서 자체적으로 의논하고 그 결과를 반영하여 계획을 세워 쓰는 것이 좋겠죠. 정부의 지원이 미치지 못하는 차상위 계층이 많다면 수학여행이나 체험학습 비용을 전체적으로 줄이는 데 사용할 수도 있을 겁니다. 혹은 학교생활에서 목돈에 해당하는 급식비를 지원하거나 성적향상장학금으로 책정할 수도 있습니다. 지금 '희망교실' 사업비로 많이 쓰고 있는, 사제동행 문화생활비, 학급 단합행사 비용으로도 쓸 수도 있고요. 학교 부적응 학생의 적응력을 높이기 위해서 전문적인 상담가에게 의뢰하는 비용으로 쓸 수도 있습니다. 이 모든 일을 개인적으로 원하는 교사만 신청해서 각자의 역량에 따라 운영할 수도 있지만, 사실은 학교 차원에서 같이 의논하여 운영해야 하는 일이 아닐까요?

이 사업에 대해 간혹 어떤 이는 형편이 어렵지 않은 학생에게도 혜택이 가는 것을 못마땅해 하기도 합니다. 그러나 이 사업은 지원이 필요한 학생의 낙인감을 방지하기 위해 일반학생과 함께 진행하는 것이 특징입니다. 사실상 이들 중에 단순히 학용품 같은 물건이 꼭 필요한 학생은 많지 않습니다. 가정에서 찾기 어려운 안정감과 행복감을 학교에서 조금이나마 느낄 수 있도록 하는 것이 본질입니다. 그렇다면 학급 전체가 즐겁고 행복할 수 있도록 프로그램을 운영하는 것도 충분히 중요하다고 생각합니다. 자주 음식을 먹든, 구기대회 비용으로 쓰든, 교사의 판단에 따라 학교를 오고 싶은 곳으로 만드는 데 쓰기만 한다면 소기의 목적을 달성한 것이라고 생각합니다. 그 과정에서 지원 대상이 아닌 다른 학생들도 함께 즐거운 것이 문제일까요?

더구나 서울도 강남·서초·송파 등 일부 지역을 제외하면 대다수의 지역에서 정부의 지원을 받지 못하는데 형편은 어려운 차상위 계층의 가정이 많습니다. 지역별로 복지 비용을 차등 분배하는 것도 방법이겠죠.

이미 서울시 교육청은 2018년에 '희망교실'을 6,000팀으로 확대하여 운영하겠다고 발표했습니다. 일단은 많은 교사들이 이 프로그램의 긍정적인 면을 경험하도록 하고, 장기적으로는 학교에 자율권을 주어 운영하는 방향으로 가길 바랍니다.

④ 서울형 자유학기제

자유학기제는 교육부에서 2013년에 연구학교를 운영하여 2년 간 희망학교로 확대하여 운영한 뒤, 2016년부터 전국적으로 모든 중학교에서 시행한 제도입니다. 중학교 학교장이 구성원의 의견을 수렴하여 1학년이나 2학년 중에 한 학기를 자유학기제로 운영하게 되는데, 이때에는 중간고사나 기말고사 등의 지필고사를 치르지 않고 토론, 프로젝트 학습, 예체능 체험, 진로 체험 등의 수업을 할 수 있는 것이 특징입니다.

박근혜 정부 교육 공약의 핵심으로, 이것을 서울시 교육청에서는 더 확대하여 2016년부터 서울형 자유학기제로 실시하고 있습니다.

한 학기만 자유학기제로 운영하는 것이 아니라, 연계된 학기도 기말고사만 운영하며 중간고사 때에는 진로탐색 프로그램을 운영하는 식이죠. 또한 자유학기제 운영 우수학교 60개(공모 및 지정)에 대해서는 2, 3학년까지 자유학년제를 운영할 수 있도록 지원합니다.

자유학기제 제도 자체는 정기고사를 없애고 학생활동 중심의 참여형 수업과 다양한 체험활동을 가능케 하여, 학생들의 입시 스트레스를 덜어주며 수업 참여도나 만족도가 높아 바람직하다는 평가를 받고 있습니다. 따라서 서울형 자유학기제를 실시하여 자유학기의 시간을 확대하는 것도 바람직하다고 하겠습니다. 현장에서 긍정적인 반응이 커진다면 전국적으로 중학교 전 학년을 입시에서 벗어나 진정한 공부가 일어나는 장으로 만들 수 있으니 그 의미가 더욱 크겠죠.

그런데 이 제도는 근본적으로 대학입시제도의 개선과 함께 이루어지지 않는다면 반쪽짜리일 수밖에 없습니다. 자유학기에도 여전히 사교육을 통해 다음 학년을 미리 학습하는 일이 많고, 객관식 문제 풀이로 측정되는 학력만을 인정하는 인식이 여전히 팽배하기 때문입니다. 최소한 중학교 교육과정에 영향을 미치는 고등학교 입시만이라도 개선하여, 자유학기제와 자유학년제가 더욱 확산될 수 있기를 바랍니다.

입시제도가 개선되기 전이라도, 자유학기제가 성공적으로 정착하기 위해서는 교육청의 전폭적인 지원이 필요합니다. 학생들은 갈수록 다양한 진로 탐색 프로그램을 원하는데 단위 학교에서 이 요구를 모두 수용하기는 어렵습니다. 다양한 강좌를 개설할 수 있도록 교육청 차원에서 강사풀을 충분히 확보하여 안내하고, 강사비 예산을 지원하며, 직업체험 장소 등 다양한 체험활동 기관의 인프라도 확충해야 합니다. 업무를 맡은 교사의 부담을 줄이기 위해 자유학기제 코디네이터를 도입하거나 행정 인력을 지원해주는 것도 좋습니다.

생활기록부에 자유학기제의 내용을 기록해주는 방식도 개선해서 지나치게 과다한 양을 기록하게 되는 교사의 부담을 줄일 필요가 있습니다. 과정중심 평가의 기록 사례를 연구하고 매뉴얼을 보급하는 것도 좋겠습니다. 교사 및 학부모, 지역사회 연계기관에 대한 연수도 지속적으로 실시하여 자유학기제에 대한 저변을 확대하는 노력도 꾸준히 하길 기대합니다.

⑤ 학교업무 정상화 및 공모사업 학교 선택제

학교업무 정상화는 교원이 수업과 학생생활교육 등 교육활동에 전념할 수 있는 여건을 조성하도록 학교업무를 재구조화하는 일입니다. 진보교육감을 중심으로 도입된 정책으로, 서울시에서는 2015년까지 준비 기간을 갖고 2016년부터 본격적으로 실시했습니다. 주로 학교 업무를 학년부 중심 체제로 재구조화하고 비담임 교사가 학교 전체적으로 담당해야 할 교육행정 업무를 맡아 지원하게 되었습니다. 학교 차원에서 논의하여 전체적인 업무의 총량을 줄이도록 하고, 교무행정지원사를 배치하여 업무를 지원했습니다.

훌륭한 취지의 이 정책은 처음에 들어왔을 때 담임교사들의 전폭적인 환영을 받았습니다만, 점차 의구심을 갖게 만들었습니다. 담임

교사의 업무 부담을 줄여주기 위해서 업무를 재구조화하기는 했는데, 교무실만 함께 쓰는 학년부 체제가 되는 모습을 보았기 때문입니다. 기존의 업무를 그대로 가져가면서 학년부로 모이기만 한 거죠. 또 한편으로는 비담임 교사가 맡게 되는 업무의 양이 지나치게 많아지는 부작용을 낳기도 했습니다. 담임 업무가 힘들고 많기는 하지만, 그렇다고 비담임 교사에게 업무를 몰아주고 나 몰라라 하는 건 학교 공동체를 건강하게 만들 수 없죠. 많은 학교에서 업무 재구조화 과정에서 갈등을 겪게 되었다는 것이 이 정책의 그림자입니다.

가장 큰 문제는 학교의 업무라는 것이 정확하게 수치화할 수 없고, 어떤 일이 학년부에 적합하고, 어떤 일은 행정지원부에 적합한 것인지 딱 떨어지지 않는다는 점입니다. 물론 교육청에서도 학교 구성원 직무분석 정책 연구를 추진하여 학교업무정상화의 객관적 기준(안)을 마련하고는 있지만, 아직은 정확한 매뉴얼은 없는 형편이죠. 이 때문에 민주적인 분위기의 학교에서는 학교 구성원들의 소통을 통해서 업무 재구조화에 성공하고 있지만, 그렇지 않은 학교에서는 여전히 똑같은 상태로 무늬만 학년중심체제로 사는 겁니다.

학교의 민주적인 소통이 가능하기만 하면 성공할 수 있는 게 아니냐고 할 수 있지만, 그게 그렇게 단기간에 쉽게 되는 건 아니죠. 우리 사회도 민주화가 된 지 몇 년인데, 상명하복 식의 조직 문화가 여전하지 않습니까. 그래도 학교 민주화와 함께 교육활동 중심의 업무 재구조화가 필요한 것은 사실이므로, 교육청이 정책적으로 지원하고 학교 현장에서 따라가야 하는 것이 중요합니다.

일단은 교육청에서 불필요한 사업을 줄여 학교 현장의 업무 총량을 줄이는 것이 우선입니다. 학교 차원에서 감당할 수 없는 사업은 과감히 정리할 필요도 있습니다. 일과 외의 행사를 줄이고 수업과 학급운영에 집중하도록 해주는 것이 학교를 살리는 일입니다. 교장, 교감 평가에 이런 점을 반영하는 것도 좋겠죠. 각 학교에 배치된 교무행정지원사나 각종 실무사의 업무도 교육청에서 명확히 정리해 줄 필요가 있습니다. 학교마다 이들이 담당하는 일이 달라서 갈등을 겪기 때문입니다. 이들에게도 지나치게 많거나 적은 업무가 배당되지 않도록 교육청이 중간에서 나서길 바랍니다. 업무처리능력도 개인별로 차등이 심해서 행정지원사가 배치되었지만 그 역할을 못 하는 학교도 꽤 있습니다. 교육청에서는 업무 능력에 맞게 지원 인력을 선발하여 학교에 배치하기 전에 충분히 연수를 하고 실전에 바로 투입할 수 있도록 해야 할 것입니다.

사실 학교 입장에서는 더 많은 행정 인력이 학교에 배치되어 직접적인 교육과 무관한 행정 업무를 맡아주길 기대합니다. 교육청의 업무를 재구조화하여 대규모 인력을 학교에 배치하는 정책을 실시하면 어떨까요? 동일한 업무를 적은 인원이 할 수밖에 없어서 항상 허덕이게 되는 소규모 학교부터 인력을 지원해주면 좋겠습니다.

서울시 교육청은 학교업무 정상화와 함께 학교현장을 지원하는 행정 정책으로 공모사업 학교선택제를 실시하고 있습니다. 학교 기본운영비에 공모사업 예산을 포함하여 지원하는 것인데, 필수 과제가 3개(학생안전체험교육비 비원, 교원학습공동체 운영, 학생회 운영)이고 나머지는 28개의 선택과제 중에서 단위학교가 원하는 사업만 2개까지 선정하여 시행할 수 있습니다. 학교의 실정에 맞지 않는 불필요한 사업을 하지 않고 원하는 것만 하도록 해서 업무량을 줄이고 사업의 질을 높인다는 취지의 제도입니다.

단위학교에 예산의 자율성을 주고 자체적으로 의논하여 그 학교에 맞는 사업을 할 수 있도록 권한을 주는 것은 학교의 자율성을 강화한다는 차원에서 중요합니다. 다만, 선택사업으로는 학교 현장에서 시도하여 정말 교육적 효과가 높을만한 것을 선정해서 제시하길 바랍니다. 궁극적으로는 굳이 선택사업이라는 것을 도입할 필요가 없이, 학교 자체적으로 다양한 아이디어를 활용하여 다양한 교육활동을 하고 교육청에서는 그 과정에서 필요한 일을 지원하며 우수사례를 발굴하여 각 학교에 알리는 역할을 하는 방향으로 나아가면 좋겠습니다.

⑥ 문화예술교육 및 중학교 협력 종합예술활동

서울시 교육청은 학교의 특색을 살리고 교육과정과 연계한 문화예술교육의 내실화를 지원하고 있습니다. 학교예술강사 협력수업을 통해 예술교과수업, 창의적 체험활동, 서울형자유학기제, 예술동아리 활동을 지원하며, 악기를 지원하거나 오케스트라 활성화, 연극 및 뮤지컬 동아리의 비용을 지원하는 것이 핵심입니다. 이와 연계하여 특히 희망하는 중학교에서는 교육과정과 연계하여 2018학년도부터 학년단위 교과 또는 창의적 체험활동 시간에 협력종합예술활동을 운영하면 예산 및 시설 리모델링을 지원하기로 했습니다.

문화예술교육을 정책적으로 확대하는 것은 학생들의 긍정적인 정서 발달에 도움을 주며, 대부분 사교육에서 담당하고 있는 부분을 공교육에서 책임지는 기반을 조성한다는 점에서 바람직합니다. 그러나 현재 수준의 지원은 너무 미흡하여, 원래 문화예술교육에 관심을 갖고 해 왔던 학교에 조금씩 더 지원되는 정도입니다. 해당 학교에 관심이 있는 교사가 없다면 이 사업은 형식적인 지원에 그칠 수밖에 없습니다. 그렇다고 모든 교사가 문화예술적 소양을 갖추는 교육을 새롭게 받아서 직접 가르치는 것도 이상합니다. 기초적인 소양 교육을 통해 문화예술과 관련한 수업을 기획하는 것은 필요하겠지만, 그 이상은 불필요하죠. 능력을 키우는 것도 한계가 있고요.

결국 이 사업의 관건은 문화예술강사를 최대한 많이 확보하고 인건비를 충분히 지원하는 것에 있습니다. 악기나 장소 등의 기반 구축은 다음 문제. 2018년에는 희망하는 중학교에서만 협력종합예술활동을 운영한다고 해도 그 이후에 확대 실시할 예정이라면 특히 수업의 질이 높은 강사들을 미리 선발하고 연수를 통해 학교와 어떤 방식으로 협력할지 등을 안내해야 합니다. 지역과 연계하여 운영을 지원한다고 하는데, 지역별로 얼마나 예술 강사로 활용할 인재가 있는지 학생들이 만족할 만한 역량이 되는지도 미리 파악하고 대비해야겠죠. 아르떼(한국문화예술진흥원)에서 하는 학교예술강사 지원 사업과도 연계해야겠지만, 서울시 교육청 자체적으로도 강사를 모집, 운영, 평가하는 시스템을 갖춰야 할 것으로 보입니다.

음악, 미술 교과의 교육과정을 창의적으로 편성하고 협력 강사를 지원하여 공교육에서도 수준 높은 수업을 받도록 하는 것도 방법입니다. 방과후학교에 관련 강좌(소인수 강좌)를 개설하고 비용이나 악기, 도구를 지원한다면 더 효과가 높을 것입니다. 물론 학교 자율적으로 결정하도록 교육청에서는 안내와 홍보만 충분히 해야겠죠.

궁극적으로는 역시 이러한 일들도 단위학교 차원에서 자율적으로 결정하고 교육청은 지원하는 방향으로만 가야 합니다. 교육청에서는 큰 틀에서 성취해야할 목표 4~5가지만 지정하고 그 안에서 예산을 편성하여 자율적으로 움직이도록 해주어야 합니다. 학교에서 좋은 것을 모두 다 해야 할 필요는 없습니다. 각 학교의 실정에 맞게, 전체적인 방향만 비슷하게 가도록 지원하는 것이 교육청의 일이 되길 바랍니다.

⑦ 유치원 공공성 강화

이 정책은 공립 유치원을 신·증설하고 사립 유치원의 공공성을 강화하며, 유치원 교육과정 운영의 내실화를 지원하면서 방과후 과정을 활성화하는 내용을 담고 있습니다. 맞벌이 가정이 어느새 대다수가 된 우리 현실에서는 미취학 아동을 책임지고 맡길 곳이 어느 때보다 절실한데, 그런 측면에서 이 정책이 중요하다는 것은 두말할 필요가 없습니다.

이 사업에서 가장 중요한 일은 유치원의 수의 확대일 것입니다. 여전히 유치원은 국공립과 사립을 합쳐도 어린이집 수에 비해 한참 적습니다.[37] 서울의 초등학교 602교 중 병설유치원이 설치된 곳은

---

37) 2016년 보건복지부 〈보육통계〉와 교육부 〈교육통계〉 수록. 어린이집 총 41,084개 / 유치원 국공립 4,696개, 사립 4,291개

겨우 199교밖에 되지 않습니다. 정부 차원에서도 국공립 유치원을 확대하겠다고 약속했지만 서울시 교육청 차원에서도 계속 늘려가야 할 것입니다.

한편 서울시 교육청은 2017년에 사립 유치원 2곳의 신청을 받아서 '공영형 사립 유치원'으로 전환을 시도했는데 아직 그 성과를 평가하기는 어렵습니다. 그런데 두 곳의 운영을 지원하기 위해 15억의 예산을 사용한데 비해, 공립 유치원(2학급 기준) 설치 시 1억~1억 5천의 예산이 필요하다는 것을 감안하면 차라리 공립유치원을 더 많이 설치하는 것이 어떨까 합니다.

사립 유치원 운영의 투명성을 담보하기 위해 공적 회계시스템을 보급, 확산하고 유치원 입학관리 시스템을 정착시키는 계획도 차질 없이 시행되길 바랍니다. 유치원의 공공성 강화 사업은 이외에도 에듀케어 운영 지원 등 비용이 많이 들어가는 사업이지만, 가뜩이나 출산율이 하락하고 있는 시대에 마음 놓고 아이를 기를 수 있도록 지원을 아끼지 않았으면 합니다.

⑧ 초1, 2 안정과 성장 맞춤 교육과정 운영

이 사업은 유치원에서 막 학교에 들어오게 된 초등학교 1, 2학년 학생들에게 안정을 주며 성장을 지원하는 교육과정을 운영하도록 한 것으로, 놀이 중심 교육과정 운영과 부모 숙제 없애기, 한글과 수학을 학교에서 시작하기 등을 주된 내용으로 하고 있습니다. 2016년에 준비기(교장, 교감, 교사 연수)를 거쳐 2017년에 전체적으로 실시되었는데, 아직은 미흡한 점이 많지만 사업의 취지나 목표에 대해서는 현장에서도 긍정적으로 반응하는 분위기입니다.

놀이 중심 교실을 만들기 위해 교실 청소용역 비용, 놀이교구 비용을 지원한 것은 특히 현장의 요구에 교육청이 적극적으로 응답한 것으로 보입니다. 다만, 학급 당 학생 수가 많은 학교의 경우에는 비용이 모자라고 놀이 중심으로 수업을 진행하기도 힘들어 곤란한 상황입니다. 지역의 실정에 맞게 예산을 지원해야 하며, 놀이교실 공간도 지속적으로 확보할 수 있도록 지원할 필요가 있습니다.

준비 과정에서 연수를 실시하지 않은 것은 아니지만, 여전히 현장에서 바로 활용 가능한, 놀이 교육의 연수가 부족했다는 의견이 많습니다. 현장의 혼란을 줄일 수 있도록 놀이중심 교육과정 재구성을 위한 연수를 확대하고 자료집을 배부해서 좋은 제도로 남길 바랍니다.

⑨ 질문이 있는 교실(수업 혁신)

이 사업은 학생 참여 중심, 협력적 배움 중심의 수업 혁신을 지원하는 것입니다. 교원 연구 활동을 지원하고, 자발적 수업나눔 문화를 확산하는 등 다양한 수업혁신을 활성화해서 그 우수사례를 공유하고 있습니다. 과정중심 수행평가를 적극 권장하여 최소 45% 이상 실시하도록 하고, 평가를 수업과 연계하여 생활기록부에 기록하는 것도 같은 맥락의 수업 혁신입니다.

학생 참여 중심 수업으로의 변화는, 창의적인 인재를 원하는 시대의 요구와 함께, 기존 수업 방식의 한계를 느낀 교사들 스스로도 그 필요성을 인식하여 꾸준히 노력해 온 것입니다. 물론 거시적으로는 대입, 고입 제도의 개선이 함께 변화해야겠지만, 그 전이라도 창의력과 고등사고력을 향상하고 학생들의 수업 만족도를 높이며 교육의 본질적 가치를 찾을 수 있다는 점에서 수업 혁신은 꼭 이뤄야 하는 현장의 사명입니다.

교육청에서 이를 지원하고 격려하기 위해, 지금과 같이 정책적으로 홍보하고 교원학습공동체를 장려하며 과정중심 평가 방침을 고수하는 것은 중요합니다. 그렇지만 더 적극적으로 개선의 여지를 넓혀주는 것도 좋습니다. 고등학교에서도 예체능 과목이나 전문과목 외의 교과에서 수행평가만으로 성적을 산출할 수 있도록 권장하면 어떨까요? 단지 '허용'만이 아니라 '적극 권장'한다는 지침으로 개정하면, 현장에서 의지가 있는 교사의 실천을 이끌어 낼 수 있습니다. 학생 참여 수업의 가장 큰 반대는 학부모에게서 나올 때가 많은데, 교육청에서 학부모 연수를 통해 충분히 교육적 가치와 효과를 안내하는 것도 필요합니다. 찾아가는 연수를 통해 현장에 적용하기 쉬운 과정중심 평가 방법을 안내하는 것도 좋을 것입니다.

또한 수업 혁신에 가장 도움이 되는 일은 학급당 학생 수를 줄이는 것입니다. 출산율의 감소로 학생 수는 줄고 있는데 여전히 학급당 학생 수는 비슷합니다. 학교 현장에 실질적으로 도움이 되는 방향으로 교육 여건을 조성해주길 기대합니다.

⑩ 일반고 전성시대

이 사업은 조희연 교육감이 취임하면서 가장 큰 공을 들이고 현장에서도 꽤 긍정적인 반응을 얻은 정책입니다. 특목고나 자사고 때문에 일반고의 '공동화(空洞化) 현상'이 심해지면서, 일반고를 살리기 위해 학교당 1억 원 이내의 예산을 차등 지원한 것이 핵심입니다. 각 학교에서는 이 예산을 통해 학생들의 희망, 적성, 진로에 맞게 교육과정을 조금 더 자유롭게 운영할 수 있게 되었고(선택과목, 창의체험활동 강사비 지원), 동아리 및 비교과 활동에 사용되는 운영비, 강사비를 충당하여 관련 활동을 활성화시켰으며, 진로체험 활동이나 교원학습동아리도 확대해서 운영할 수 있었습니다.

일반고 전성시대 정책은 특목고와 자사고에 비해 소외되어 있는 일반고에 과감히 투자한 덕분에 교사의 사기를 향상시키고 학생, 학부모의 만족도를 높였다는 평가를 받고 있습니다. 이 사업은 특히 학생의 선택을 반영한 교육과정을 운영할 수 있게 되었다는 점에서 긍정적이지만, 여전히 개선할 부분이 있습니다. 먼저 현재와 같이 내신의 상대평가 제도가 그대로 유지되는 이상, 학생들은 자신이 원하는 과목을 자유롭게 선택하기 어렵습니다. 인원수가 많은 과목을 선택하는 일이 성적을 받기에 훨씬 유리하기 때문입니다. 꼭 대학 진학을 염두에 두지 않는 학생들도 있지만, 인문계 고등학교에 들어온 학생 중에 아예 성적과 무관한 삶을 살기는 어렵기 때문에 극소수일 뿐입니다. 진정한 개별화·맞춤형 교육과정이 운영되려면 내신 절대평가 체제 시대가 속히 와야 할 것입니다.

또한 사립 고등학교의 경우, 교육과정을 자유롭게 운영하는 과정에서 과목별 교사 인원을 공립처럼 매년 조정할 수 없기 때문에 개방-연합형 종합캠퍼스에 대한 논의를 함께 하고 있습니다. 그러나 자신의 학교에서 개설되는 과목도 학생들의 관심이나 열의가 없어

폐강되는 현실에서, 이동 거리가 꽤 되는 이웃 학교의 과목을 신청하는 일은 많지 않습니다. 타교에서 오는 학생들을 위해 수업 시간 배정하는 일도 어렵고, 출결 관리나 안전사고의 문제도 있습니다. 여전히 대학에서도 타교와의 학점 교류가 힘들고 제한적인데, 고등학교에서 얼마나 개방할 수 있을까요? 현실적인 문제를 감안하면 오히려 절대평가를 확립하고 제대로 시행되도록 하는 것이, 사립학교에서도 교사 수급 문제를 해결하여 과목 개설을 가능케 하는 게 아닐까 합니다.

또한 방과 후나 주말 등을 이용해서 학교 간 협력 교육과정 거점학교를 운영하여 학생들의 과목 선택권을 보장하기도 하는데, 일반고 전성시대 예산으로 이것을 운영하는 것이 원래의 목적에 맞는가 하는 의문을 가질 수 있습니다. 거점학교에 참여하는 인원이 많지 않아 그 혜택이 대다수의 학생에게 돌아가는 것이 아니기 때문이죠. 방과 후의 프로그램보다는 기존 수업을 더 내실 있게 만드는 것이 일반고를 살리는 일이 아닐까요? 그러기 위해서는 교사들이 자신의 수업에 이 예산을 활용할 수 있도록 규제를 풀어줄 필요가 있습니다. 기존 수업에 필요한 도서 등의 물품 구입, 시설 개선에도 일정 부분 쓸 수 있게 허용하고(다목적 교실 전환 등), 교실의 낙후된 컴퓨터 등의 장비 교체도 가능하게 되길 기대합니다.

한편, 일반고에서 이 예산을 활용해 예체능이나 직업교육 과정을 운영할 수 있게 되는 것도 좋지만 전문적인 교육이 힘들다는 한계가 있습니다. 일반고에서는 체험하는 수준의 프로그램만 가능할 뿐입니다. 차라리 관련 학교를 더 늘리는 것이 궁극적으로는 나아가야 할 방향이라고 생각합니다.

일반고 전성시대 정책은, 일반고만 사용할 수 있는 예산을 늘려주어 실제로 다양한 체험 프로그램과 교육과정을 운영할 수 있게 해주었습니다. 교육청에서 예산의 자율성을 확대하는 방향으로 이 정책을 유지하며, 동시에 교사의 평가권을 확보해준다면 공교육이 살아나는 데 큰 도움이 될 것입니다.

⑪ 교권 보호

서울시 교육청은 갈수록 늘어나는 교권 침해 사건에 대응하기 위해 교권보호지원센터를 설치하고 전담 변호사와 상담사를 배치하여 운영하고 있습니다. 교육활동보호긴급지원팀도 운영하여 긴급한 사안이 발생하면 변호사·상담사·장학사가 발생 학교를 방문하여 사안 처리를 지원합니다. 그러나 이 제도는 시행한 지 얼마 되지 않았고 홍보가 부족하여 이용하는 교사가 별로 없습니다. 인력이 부족하여 실질적인 지원을 해주기도 어렵구요.

그런데 갈수록 교권 침해 사례는 늘고 있어 교사들의 걱정과 두려움을 해소할 방법은 딱히 없는 상황입니다. 학부모나 학생들이 저지르는 명예훼손, 모욕, 성희롱, 협박, 폭행에 대해서 학교나 교육청이 지켜주지 않는다면, 교사가 과연 학교라는 공간에서 자신 있게 교육활동을 할 수 있겠습니까? 사안 발생 시 문제 처리와 해결에 대한 매뉴얼을 보급하고 적극적으로 법률적 대응과 트라우마 극복을 위한 상담을 실시해야 합니다. 학교폭력이 일어났을 때 반드시 교육청에 보고하는 것처럼, 교권 침해 사안이 일어났을 때도 필수적으로 교육청에 보고하여 해결하는 것이 좋을 것입니다. 전문 인력을 더 확충하여 서울의 각 지역별로 변호사, 상담사를 연계하도록 해야 합니다. 이렇게 할 때 교육청에서 교권 보호에 대한 의지가 있다는 것을 알게 되어 심리적 위안을 얻게 됩니다. 막무가내인 학부모, 학생에게도 이런 정책을 알려주면 조금 더 조심하도록 유도할 수 있습니다.

각 학교에는 반드시 교권보호위원회를 구성하도록 하고 있지만 형식적으로 운영하는 일이 많습니다. 위원회만 있다고 해서 문제가 해결되는 것은 아닙니다. 이 위원회에서 결정된 사항에 대해서 학부모나 학생에게 강제할 수단이 많지도 않습니다. 학교장에 따라서는 학교의 소문을 의식하여 교사의 억울함을 덮으려고 하는 일도 있습니다. 따라서 교권 침해 사안만큼은 교육청에서 강력하게 개입하여 해결하고 중재하고 지원해주는 것이 어떨까 합니다. 교사가 마음 놓고 자신의 역량을 펼칠 수 있도록 안전장치를 마련해주길 바랍니다.

⑫ 교복입은 시민 프로젝트

이 사업은 학생자치를 통한 교육활동 참여 확대를 꾀하는 것으로, 주로 학생회의 활동을 지원하는 사업입니다. 단위 학교에서 학생회 상설 회의 공간을 마련하고 전담교사를 지정하도록 하며, 학생회 운영 예산으로 초등 50만원, 중·고는 100만원을 확보했습니다. 학생회에서 공약으로 내건 사업을 스스로 집행할 수 있도록 학생참여예산도 편성하여 2017년에는 중고등학교 전체 학교에 200만

원씩 지원하였습니다. 이를 통해 학생들에게 책임 있는 실천의 기회를 부여했다고 볼 수 있습니다.

교사들이나 학부모 입장에서는 학생 참여에 대해 여전히 부정적으로 보는 시각이 있지만, 교육의 3주체로서 학생들도 역량을 키워야 하기에 이 사업은 교육청이 학교 현장을 주도적으로 이끄는 측면이 강합니다. 앞으로도 학생 자치가 현장에서 어느 정도 정착하기까지는 교육청이 의지를 갖고 실현해야 할 정책이라고 생각합니다. 다만, 이것은 학생회를 어떤 교사가 맡는가에 따라, 혹은 담임을 어떤 교사가 맡느냐에 따라 성패가 좌우되는 영역입니다. 그만큼 교사의 역량과 인식이 중요한 분야입니다. 따라서 학급자치 시간을 월 2회로 고정하는 것보다는 담임교사가 학급자치를 어떻게 만들어갈지, 어떤 내용과 방법으로 학생들이 자체적으로 학급, 학교 생활을 고민할지 등에 대한 연수가 중요하다고 생각합니다. 이미 많은 선생님들이 학생자치에 대해 긍정적으로 생각하지만, 내용에 대한 고민은 지속되고 있으니 교육청에서는 연수원과 연계하여 이 부분을 더욱 지원해주길 바랍니다.

⑬ 세계시민교육

이 사업은 다양한 문화에 대한 이해와 수용 능력을 향상시켜 세계화 시대에 살아가는 세계시민으로 학생들을 양성하자는 취지로 시행되었습니다. 학교 급별로 세계시민교육 특별지원학교를 8개 운영하고 있고, 이 학교에서는 주로 문화다양성, 평화, 지속가능발전, 인권 등을 주제로 교과 및 창의적 체험활동을 운영합니다. 관련된 교원 직무연수를 실시하고, 학습동아리를 지원하며, 다문화가정을 위한 언어강사를 확대 배치하였습니다. 탈북학생의 적응을 돕기 위한 멘토링, 방과후학교 및 진로캠프 등을 운영하고 관련 연수를 실시하는 것도 이 사업에서 진행하고 있습니다.

넓은 세상을 보고 다양한 시각을 이해하며 살수록 오히려 우리 주변의 일을 포용하고 배려하게 된다는 점에서, 세계시민교육은 의미 있고 가치 있는 일입니다. 하지만, 현재와 같은 사업의 모습을 봐서는 교육청에서 이런 일도 한다는 전시성 사업의 느낌이 강합니다. 다문화 가정 학생과 탈북 학생 지원을 같은 맥락으로 하는 것도 맞지 않다고 생각합니다.

교육과정 안에서 충분히 할 수 있는 내용이라고 생각한다면 교육과정 구성 시에 참고할 내용을 개발하여 보급하거나 공모선택제를 통해 세계시민교육 교육과정 운영학교를 지원하는 것이 낫겠습니다. 다문화 가정 학생 지원, 탈북학생 지원은 학생 복지 차원에서 당연히 교육청에서 해야 하는 일입니다. 이 사업과 묶을 필요 없이 따로 더 신경 써서 지원해야 한다고 생각합니다.

⑭ 독서·토론인문소양교육

이 사업은 주로 학교의 도서관에 사서를 배치하고 장서를 확충하며, 교사와 학생, 학부모의 독서 · 토론을 활성화하는 다양한 연수, 동아리, 캠프 등을 지원하는 내용을 담고 있습니다.

학교의 독서 문화 확산을 위해 가장 기본적인 일은 그 일을 맡을 전담 교사, 즉, 사서를 배치하는 것입니다. 아직도 많은 학교의 도서관에 사서가 없습니다.38) 물론 교육과정 내에 다양한 독서 활동이 있으므로 수업 시간을 통해서도 독서 교육은 할 수 있습니다. 하지만 자발적으로 책을 읽고 즐기는 문화를 정착시키기 위해서는 도서관이라는 공간 자체도 중요합니다. 책을 평소 접하지 않는 가정에서 자라는 학생들이라면 복지 차원에서도 도서관은 꼭 제공해야할 공간입니다. 그리고 이 공간을 책임지고 관리하며 독서 문화를 만들어가는 사서가 없다면 도서관은 절반의 역할밖에 하지 못합니다. 사서 배치를 가급적 빨리 완료하여 도서관을 독서 문화 확산의 중심으로 삼도록 하는 것이 이 사업의 핵심이 되길 바랍니다.

그 외의 여러 연수와 동아리 지원, 캠프 등은 있으면 좋고 아니어도 괜찮습니다. 학교에서 굳이 사업을 벌이도록 하는 것이 아니라, 교육과정 내에서 충분히 다양한 독서 활동을 녹여내도록 하는 것이 필요합니다. 그래야 선생님들의 부담도 덜고 (국어과만이 아닌) 전 교과 차원의 독서 토론 문화가 확산될 수 있다고 생각합니다.

---

38) 2016년 문화체육관광부의 전국 도서관 통계에 따르면, 초중고교에 있는 도서관 1관 당 직원 수가 0.5명이었다. 즉, 두 학교 중 하나엔 사서가 없는 것.

Ⅳ. 그러면 교육청은 어떻게 되어야 할까?

1. 혁신학교에서 원하는 교육청의 역할

교육청은 그렇다면 어떻게 바뀌는 것이 좋을까요? 학교를 지원하는 본연의 역할에 충실하게 된다는 것은 어떤 의미일까요? 사실 2장의 연구나 설문 결과를 통해서도 보았듯이, 교육청에서도 이제는 지엽적인 업무보다는 학교를 지원하는 업무에 충실하고 싶어 하지만 그렇게 하면 학교에서 제대로 하지 못할 것이라고 생각하는 경향이 있습니다. 학교 현장을 믿지 못하기 때문에 상위 기관에서 계속 지도, 감독해야 한다는 생각입니다. 그렇다면 일반적인 학교보다 훨씬 자율적으로 사업을 진행하고 수업 혁신을 꾀하는 혁신학교에서 일하는 교사라면 이에 대해 어떻게 생각할까요? 혁신학교의 자율적인 혁신을 돕기 위해 교육청은 어떤 것을 지원하고 있을까요? 모든 학교가 혁신학교처럼 자율적으로 학교다운 학교가 되기 위해 노력한다고 가정했을 때, 교육청의 역할은 무엇이 되어야 할까요?

이러한 생각에서 우리는 혁신학교인 오류중학교에서 근무하다가 2017년 1년 간 서울시 교육청 혁신학교지원팀에 파견되어 근무하신 **강정구 선생님**과 2018년 1월 18일에 만나서 교육청 혁신에 대한 생각을 들어 보았습니다.

가. 교육청이 학교자율성 신장 측면에서 이룬 성과

Q) 혁신학교에서 근무하면서, 이전과 비교해서 교육청이 학교를 많이 도와주었다고 생각하시나요? 어떤 부분일까요?

A) 혁신학교 체제 자체가 학교 업무 정상화를 기반으로 학교혁신을 이루어지는 것입니다. 그렇게 생각한다면 교육청 차원에서 학교의 업무구조 개편을 추진한 점을 긍정적으로 평가합니다. 혁신학교만이 아니라 일반 학교에서도 학교업무 정상화를 이룰 수 있도록 교육청에서 정책적으로 추진한 것은 의미가 있다고 봅니다.

최근에는 '토론이 있는 교직원 회의'를 지원하여 학교의 민주적인 의사소통 구조를 정착하려고 노력하는 모습이 보이며, '교원학습동아리'에 예산을 지원하면서 이것을 학교교육계획에 반영해서 일 년간 진행하면 직무연수로 반영해주고 있는데 이런 지원들에는 학교를 혁신하겠다는 교육청의 의지가 담겨 있어서 학교 현장에 알게 모르게 영향을 많이 주었다고 봅니다.

Q) 행정적인 지원 면에서는 어떤가요?

A) 인적 지원 면에서는 아무래도 교무행정사를 추가로 배치해준

것이 큰 도움이 되었습니다. 기존에 교무보조인력이었던 분은 교무실무사라는 명칭으로 바뀌면서 계속 있게 되었고 여기에 교무행정사가 추가로 배치되면서 사실상 두세 사람의 교무업무 지원이 생긴 것입니다.

기존에 도서실 운영이나 과학조교 역할만을 담당했던 사서실무사나 과학 실무사는, 교사가 담당했던 학교홈페이지 관리나 컴퓨터 관리 업무 등의 일반 행정업무도 맡고 있는 추세죠. 과거에는 정보 업무를 맡은 교사가 학교의 컴퓨터를 관리했지만, 이제는 대부분의 학교에서 컴퓨터에 이상이 생겼을 때는 컴퓨터 수리업체를 불러서 해결하고 있습니다. 이때 대부분의 학교에서 수리업체와 연결하는 역할도 실무사들이 맡아주고 있습니다. 즉, 기존에 교사가 할 일이 아닌데 교사가 하고 있었던 일들, 이를테면 컴퓨터 수리업체를 부르는 일과 같은 것이 행정실무사에게 넘어간 것이죠.

이런 측면에서 보면 학교업무 정상화 차원에서 행정적인 지원이나 재정적인 지원으로 인력배치를 한 것 등은 매우 큰 의미가 있습니다. 물론 현장에서는 더 많은 지원을 필요로 하지만 중요한 것은 이렇게 업무의 분담이 시작되었다는 것입니다. 학교 내에서 수업에 집중하는 교사와, 업무를 전담하는 실무사가 있게 되었다는 자체가 의미 있는 변화이고 교육청이 제대로 자기 역할을 한 것이라고 평가합니다.

Q) 그렇다면 공문 작업을 비롯한 문서 작업이 많이 줄어들었다고

보시나요?

A) 최근 교육청에서는 의식적으로 공문을 감축하려고 애를 쓰고 있는 것으로 보입니다. 그러다보니 공문으로 하달되어야 할 성격의 것들조차도 공문총량제를 의식하여 게시판에 올리는 사례도 있죠. 기계적으로 공문의 양을 줄이려고 하는 정책 외에, 학교 차원에서 위임 전결 규정 같은 것을 정비하여 결재 절차를 최소화하기도 합니다. 이를테면 학년부 체제에서 학년 부장에게 전결권을 많이 준다든가 교사들의 근무와 관련해서 웬만한 것들은 부장을 거치지 않고 교감에게 직접 결재를 받게 해서 불필요한 과정을 제거하여 업무를 줄여 나가고 있습니다.

전반적으로 교사 업무를 간소화하기 위해 학교에서 담당하는 업무 총량을 줄이는 노력도 있었습니다. 예를 들면, 교육청에서 지시하는 필수사업은 줄이고 교사들이 합의해서 단위학교에 필요하다고 판단한 것만 할 수 있도록 공모사업을 선택으로 전환하고, 기존에 필수사업에 투여되었던 예산을 학교 기본운영비로 배부하는 것과 같은 정책이 실시되었습니다. 이런 정책 덕분에 과거에 비해서 교사들이 하는 공문 작업은 많이 줄었다고 봐야죠. 피부에 와 닿도록 확 절감되었다는 느낌은 못 받으시겠지만요.

나. 방과후학교 업무와 교육복지 업무의 경우

Q) 학교업무정상화, 교무 행정사 지원, 공문 총량제 등을 통한

공문 감소, 필수사업을 줄이고 선택공모사업으로 전환한 것 등이 학교 업무를 교육적인 방향으로 돌리는 데 많은 도움이 되었다는 점에 동의할 수 있습니다. 그런데도 여전히 학교에서는 수업과는 무관하게 과중한 업무들을 담당하고 있죠. 이런 상황에서 교육청은 어떤 역할을 해야 할까요? 이런 점은 교사의 업무를 줄여주는 것만으로는 해결이 안 되고 아주 근본적인 개선, 이를테면 교육청 조직 자체를 바꾸어 방과후학교 업무나 복지 업무 등을 직접 운영하면서 학교는 수업과 생활지도에 집중하는 것과 같은 개선이 필요한 것이 아닐까요?

A) 방과후학교 시스템은 정책적으로 사교육비 경감 차원에서 학교로 들어왔습니다. 그러나 사교육비 경감이란 측면에서 이 사업을 평가할 때 방과후학교는 실패한 정책이라고 봅니다. 입시제도라는 끊임없는 경쟁 유발 체제에서는 학교에서 방과후학교를 진행하더라도 학부모가 사교육을 포기하기는 어렵기 때문입니다. 그런데 이것이 학교가 담당해야 할 기능이냐 아니냐에 대해서는 학교의 교육 기능 차원에서 판단해야겠죠.

혁신학교에서는 주로 배움과 돌봄이라는 두 가지 기능이 학교의 교육기능이라고 말합니다. 그런 관점에서 본다면 교육복지 업무는 학교가 외면하기 어렵지 않을까요? 보통 학년부 체제가 되면 같은 학년 교사들이 한 공간을 쓰게 되면서 그 학년을 담당하는 모든 교사가 함께 팀이 되어 수업 연구를 할 뿐만 아니라 학년교육과정을 함께 운영하게 됩니다. 예를 들어, 1학년 사제동행 프로그램을 1학년 교사들이 머리를 맞대고 구상해서 함께 계획하여 진행하는 식입니다. 이렇게 할 경우, 무엇이 교사들이 담당해야 할 업무인가를 판단하는 기준은 아이들과의 교육적 관계 맺기나 아이들의 생활, 아이들의 인격적 성장을 돕는지의 여부입니다.

교육복지 업무에 대해, 학교는 탁아소가 아니며 복지 업무 때문에 교사의 업무가 너무 과중하다는 문제제기가 있고 이것은 타당하다고 생각합니다. 다만, 근무시간 내에서 교사가 학년부 체제를 중심으로 해서 아이들의 삶을 교육적으로 의미 있게 도울 수 있는 게 있다면 도와야겠죠. 이런 점을 고려할 때 교육복지 업무는 (전부는 아니라도) 필요한 측면이 있습니다.

한편, 방과후학교는 옥상옥(屋上屋)이 되어서는 안 됩니다. 정규교육과정이 있는데 이 외에 수요자를 중심으로 선택적으로 방과후학교 수업을 듣게 하는 것은 지양해야 한다고 생각합니다. 학부모의 요구 등으로 방과후학교를 운영하게 되는 경우, 지역과 함께 하는 것이 중요하고 장기적으로는 지역으로 업무를 넘겨야 한다고 봅니다. 요즘 서울에서 혁신교육지구를 운영하고 있는데, 구로구의 경우 방과후학교를 지역에서 맡는 시범학교를 두 곳 운영하고 있습니다. 방과후학교 업무를 교사가 아니라 지역의 인력풀에서 담당하는 것이죠. 대부분의 혁신교육지구에서는 지역과 학교의 만남이란 주제 아래, 지역에서 사람을 키우고 콘텐츠를 생산하며 이것을 학교의 요구에 접목시켜서 진행하는 편입니다. 일례로 구로구청 안에는

'구로 온마을 교육지원센터'가 있어서, 센터장은 지역활동가가 담당하고 센터에서 지역에서 체험할 수 있는 다양한 활동과 도와줄 인력을 키워서 학교가 요구하면 프로그램을 운영해준다고 합니다.

요약하자면, 방과후학교 업무처럼 학교의 공식적인 교육과정 외에 추가로 해야 하는 것들은 학교가 담당할 필수적 업무가 아니므로 다른 곳으로 이양해야 한다고 생각합니다. 그러나 교육 복지 업무는 "학생들과 어떻게 만나고 어떻게 돌볼 것이냐? 정해진 수업시간 외에 아이들과 어떻게 관계 맺기를 할 것이냐?"라는 차원에서 접근하여 선택적으로 해야 한다고 봅니다.

Q) 사실 복지 업무에 대해 교사들이 "학교가 탁아소냐?"라고 말할 때 교사들이 말하고 싶은 것은, 수업이나 그 외 학교 생활할 때 교사가 아이들에게 최선을 다해 만나주는 것이 교사가 아이들에게 해 줄 수 있는 최상의 것이 아닌가 하는 점입니다. 학생의 복지를 개선하는 측면의 경우에는, 교사가 아이들에 대해 알고 있는 정보를 활용해서 다른 전문가가 투입되어야 하는 게 좋지 않을까요?

A) 그렇습니다. 이렇게 학교가 담당할 수 없거나 담당할 필요가 없는 부분들은 지역이 건강한 교육 인프라로 연결되어 지역 전문 인력이 감당해주어야겠죠. 저는 학교가 이런 업무에서 학생과 지역을 연결하는 역할을 해야 한다고 봅니다. 이 때

중요한 것은, 학교가 아이들을 제대로 파악하고 있기 위해 아이들의 삶 속에 들어갈 수 있는 시간적 공간적 조건이 이루어져야 한다는 점입니다. 학년부 체제를 중심으로 하는 학교 업무 정상화가 바로 이 조건을 충족시키는 기반이 된다고 생각합니다.

어떤 선생님들은 학교업무 정상화를 통해 학년부 체제를 만들어 담임교사들에게 행정적인 업무를 줄여주면 담임교사들은 무엇을 하냐고 비판합니다. 기존에 하던 대로 조회, 종례만 들어가고 생활기록부 입력 수준의 업무만 하고 더 이상 가정방문을 하는 것도 아니고 치밀하게 상담을 하는 것도 아니지 않느냐고 비판하면서 그럴 바에는 기존 업무 분담 방식이 낫다고 합니다.

하지만 학교가 그 동안 더 했어야 했는데 못했거나 외면하던 부분이 있습니다. 그 중 하나가 돌봄이에요. 물론 초등에서 말하는 돌봄과 중등에서 말하는 돌봄은 그 내용이 다릅니다. 초등의 경우는 돌봄 전담사가 배치되어야 할 정도로 그 필요가 많으며 아이들의 발달단계에 맞춰서 학교라는 공간을 이용할 수밖에 없는 측면이 있죠. 그런데 중등도 열악한 지역일수록 그러한 역할을 감당할 수밖에 없습니다. 이 때문에 교육청에서 돌봄 기능을 수행하기 위해 교육복지우선지원학교를 만들어 예산을 지원하는데 학교 입장에서는 이것이 큰 사업입니다. 이 예산으로 교사들이 어떤 사업을 진행할 것인가에 대해 외면할 수 없죠.

제가 근무했던 오류중학교도 교육복지우선지원학교로 지정되어 뜻하지 않은 예산이 4천만 원이 내려 온 적이 있습니다. 그 동안 제대로 된 교육복지 성격의 업무를 한 적이 없어서 사업을 담당할 사람이 없었기 때문에 당시 교무부장을 맡고 있던 제가 맡았습니다. 그 때 사업을 운영하기 위해 학년부 체제를 활용했습니다. 각 학년부에서 사제동행 프로그램을 비롯하여 가정방문 프로그램을 운영하고 아이들과 산행을 가거나 문화체험 활동을 진행하고 멘토 멘티 프로그램을 운영하는 등 모든 것을 학년부에서 계획하고 추진하여 진행하도록 했습니다. 저는 이러한 일을 위해 학년부가 존재한다고 생각합니다. 과거에는 담임교사들이 각 교무실에 흩어져 있어서 일을 도모하는 것이 어려웠으나 학년부 체제가 되면서 한 교무실 안에 함께 있기 때문에 자연스럽게 이런 사업이 가능할 수 있습니다. 학년부 교사끼리 의기투합이 잘 되면, 일 년간 예산이 계획대로 잘 집행됩니다. 이 사업의 일환으로 가정방문을 다녀온 교사들은 펑펑 울면서 아이들의 아픔에 대해 공감하게 되고 안경이나 속옷 등 아이들의 필요에 맞게 복지예산을 지출할 수 있었습니다.

이런 맥락에서 볼 때 교사들이 아이들과 좀 더 긴밀하게 교육적인 활동을 하는 차원에서 교육복지를 바라보고 예산을 활용하는 것이 바람직하다고 생각합니다. 그리고 그 핵심에는 학년부 체제에서 진행되는 자유롭고 자발적인 협의가 있어야 한다고 생각합니다.

그러나 방과후학교는 철저하게 특기적성 측면에서 아이들이 원하는 프로그램을 운영해야 하며 운영하는 방법 또한 지역의 도움을 받을 수 있어야 하고 궁극적으로는 지역으로 역할을 넘겨서 학교의 부담은 최소화해야 한다고 생각합니다. 가끔 방과후학교 운영을 교육복지와 연관시키면서 학교가 아이들을 위해 하나라도 더 해줘야 한다고 주장하는 것에는 동의할 수 없습니다.

Q) 교육복지우선지원학교의 경우에도, 지역전문가가 학교에 배정되어 함께 일하면 교사들이 복지 업무에 도움을 받을 수 있는데 예산만 내려 보내고 인적 지원은 없는 경우가 많지 않나요?

A) 오류중학교의 경우에는 지역사회전문가로 사회복지사가 배치되어 도움을 받았습니다. 이 분은 수업을 하지 않으면서 심리치료나 상담, 기타 복지 업무를 전담하기 때문에 그 자체로 큰 도움이 됩니다. 이 때, 학년부 체제가 잘 정착 되어 있으면 학년부 단위로 도움을 줄 수 있는 시스템이 갖추어져 있는 것이기 때문에 보다 원활한 협력이 가능하죠. 당시 저희는 사회복지사나 상담사가 어떤 역할을 할 것인지에 대해 분명하게 계획을 세운 후에 복지사업을 진행하기 때문에 예산을 충실하고 알뜰하게 모두 사용할 수 있었습니다.

그러나 다른 학교의 경우 오류중보다 적은 예산을 받았는데도 예산을 모두 사용하지 못해 잘못된 방식으로 지출하여 지적반은 일이 있었습니다. 이 학교와 오류중을 비교했을 때 달랐던 것은 업무분장 체제였죠. 이런 점에서도 학년부 체제 중심의 업무정상화는 필요하며 복지업무를 비롯한 모든 업무가 제 기능을 발휘하는 데 매우 효율적인 시스템이라고 생각합니다.

Q) 그럼 교육청에서 가장 시급하게 학교를 지원해야 할 부분은, 학년부 체제 중심의 업무정상화라고 보십니까?

A) 학교혁신이라는 것은 사실 지금도 진행 중에 있고 앞으로도 진행형일 것이다. 몇 십 년간 왜곡된 모습으로 진행된 우리나라 교육을 바로 잡는 데는 많은 시간이 걸릴 것입니다. 그런데 학교를 혁신하기 위해 시스템을 바꾸려면 구조를 바꾸고 일하는 방식을 바꿔야 한다는 점에서 학년부 체제 중심의 업무 정상화는 앞으로도 강하게 밀고 나가야 하는 정책이라고 봅니다. 끊임없이 이에 대해 모니터링 하면서 무엇을 보완해야 하는지 고민해야 합니다. 지금도 2018학년도 학교업무 정상화 지원방안을 담당장학사가 고민하고 있는 것으로 알고 있습니다. 어떻게 하면 학년부 체제를 만드는데 도움이 될까에 대한 Q&A 자료를 만들어 학교에 배부할 예정입니다. 이러한 교육청의 지원은 지속되어야 합니다. 이 속에서 학교 현장이 자율적으로 바뀌고, 그에 따라 교육청도 변할 것으로 기대합니다. 아래로부터의 변화를 통해서 교육청이 일하는 방식도 변화할 수 있습니다.

다. 교육청은 어떤 방향으로 혁신되어야 하는가?

Q) 선생님께서는 교육청에서도 일하신 경험이 있는데, 직접 겪어 보시니까 어떠신가요? 교육청의 혁신은 어떤 방향으로 이루어져야 한다고 생각하십니까?

A) 우선 교육청의 칸막이 구조 때문에 부서 간에 사업을 조율하고 소통하지 않는다는 게 가장 큰 문제로 보입니다. 이를테면 교육혁신과, 중등교육과, 초등교육과에서 하는 업무들이 겹치는 부분이 많은데 업무부서 간에 서로 소통을 하지 않기 때문에 부서별로 학교에 비슷한 공문들을 내려 보내는 경우가 많습니다. 이러한 구조를 해결하지 않으면 학교에서 쓸 데 없는 일을 하게 되죠.

　　장학사 인사발령의 경우도 업무의 유기적 관계를 고려하지 않고 이루어지는 일이 많아, 연속적인 업무 성과를 낼 수 없는 경우가 많습니다.

　　또한 예전처럼 교육청이 위에서 아래로 업무를 하달하는 방식으로 학교 현장에 지시할 경우, 예상했던 목적을 달성하기는 불가능하다고 봅니다. 학교에서 요구하는 것, 학교에서 목말라 했던 것을 정책으로 구현하여 학교로 내려 보냈을 때 그 효과가 제대로 나타날 수 있죠.

　　2017년에 조희연 서울시 교육감이 공을 들였던 사업인 "미래교육 상상톡"의 경우, 미래 사회에서 학교가 어떻게 변해야 하는지를 '토론이 있는 교직원회의'의 주제로 삼아 회의해서 그 결과를 올리면 서울시 교육 정책으로 반영하겠다고 했습니다. 이에 각 지역 교육청은 학교마다 미래가 있는 교육을 주제로 '토론이 있는 교직원회의'를 정례적으로 진행도록 각 학교에 지시했죠. 그러나 이런 지시를 내리기 전에 학교에 토론할 수 있는 문화가 갖추어져 있는지를 먼저 생각했을까요? 여전히 대부분의 학교에서 교무실이라는 공간은 토론이 있는 공간이 아닙니다. 토론 문화가 없는데 미래 사회를 대비하여 학교가 어떻게 바뀌어야 하는지 토론하라고 하면 무슨 내용이 나옵니까? 어떤 것으로든 내용을 채워야 한다는 부담과 그에 따른 불만만 생길 뿐입니다. 그 동안의 학교는 주제를 가지고 토론한 경험을 축적한 적이 없으며 상명하달식의 직원회의 경험만 가지고 있습니다. 이렇게 제대로 토론이 이루어지기 어려운 상황에서 업무 담당자들이 보고한 결과물이나 지역 교육청이 각 학교에서 몇 명씩 참석하게 하여 '토론 행사'를 진행하여 만들어진 결과를 가지고 서울시 교육청은 학교 현장의 의견을 수렴하여 정책을 펼치겠다고 이야기한 겁니다. 이런 잘못된 관행에서는 벗어나야 합니다.

Q) 바로 그런 방식이 그동안 교육청에서 해오던 방식이네요. 다행히 이런 상명하달 방식으로 교육청과 학교가 관계 맺어온 방식과 정책에 문제가 있었다는 데에는 교육청이나 학교 모두 공감하고 있는 것으로 보입니다. 그런데 그것을 어떻게 해야 학교의 자율성이 신장되는 방향으로 바꿀 수 있을까요?

A) 교육계에서도 인적 청산이 이루어져야 합니다. 왜 교육부나

교육청에는 일반직 행정 관료들이 더 많습니까? 국가교육회의를 통해 교육을 바꾸겠다고 하면서 포함된 교사는 너무 적지 않습니까?

학교 관리자 승진 구조도 손을 보아야 합니다. 교육정책에 뜻을 두고 참신한 교육정책을 펼치겠다는 포부를 안고 교사 출신 전문직장학사들이 교육청에 들어가면, 그 위에 일반직 교육공무원들이 포진하고 있습니다. 그들이 교육청을 장악하고 있는 구조 속에서 교사출신 전문직 장학사들이 교육행정전문가로 크기는 어렵다. 교육청에서 일반직 교육공무원의 비율이 70%를 넘습니다. 일반 관료로서 교육공무원들이 일하는 방식이나 그 지향점은 교사 출신 장학사와 매우 다르죠. 결국 이들은 일반직들과 여러 면에서 부딪히다가 교육전문직으로 성장하지도 못하고, 교감이나 교장이 되기만 바라는 경우가 많습니다.

이러한 경우를 포함하여, 승진 경쟁 속에서 살아남아 교감, 교장이 된 분들은 학교현장에 있는 교사들과 제대로 소통하고 공감할 수 있는 능력이 떨어지는 분이 많습니다. 현행 승진 구조 자체가 점수 따기 위주여서 그 속에서 길들여진 사람들이 교사들의 문제의식에 공감하고 소통하며 학교를 바꾸기는 어렵기 때문입니다. 이런 점에서 학교 현장을 관리하는 관리자 양성 시스템이 좀 더 민주적이고 개방적으로 바뀌어야 합니다. 내부형 교장공모제와 같은 제도가 확대될 필요가 있습니다.

또한 혁신학교와 같이 변화를 모색해본 현장 경험이 있는 사람들이 교육청에 연구교사로 들어가서 참신한 교육정책을 만들도록 하는 것도 필요합니다. 이들이 현장 경험을 살려서 여러 학교 교사들과 교류하면서 학교 혁신의 확산에 기여할 수 있도록 해야 합니다. 이런 변화가 지속되면 교육청도 바뀌고 학교도 바뀔 수 있습니다.

물론 기존에 구축해 놓은 시스템이 있기 때문에 여기에 균열을 내고 새로운 시스템을 만드는 것에 엄청난 갈등이 발생할 것이고 많은 시간이 걸리겠죠. 교육청에 대한 불신이 여전하지만 그곳에 변화의 움직임이 있는 것도 사실입니다. 그것을 믿고 개혁의 방향에 힘을 실어야 한다고 생각합니다.

Q) 우리나라의 교육청은, 교육 정책을 제안하여 학교에서 사업을 하도록 유도하고 여전히 학교에 대한 관리 감독 역할을 하고 있습니다. 그런데 교육청이 없어도 선진적인 교육 시스템을 하고 있는 북유럽을 보면, 교육청이 꼭 있어야 하는지 의문이 듭니다. 우리나라 교육청에서는 각종 정책 사업 위주로 많은 일을 하고 있는데 굳이 그것들이 필요한 것일까요?

A) 북유럽과 우리나라는 교육적 환경이 많이 다르니까 어쩔 수 없는 부분이 있다고 생각합니다. 일단 교육 정책을 기획하고 사업계획서를 총괄하여 단위학교에 예산을 분배하는 일은, 교육청이라는 헤드쿼터에서 해야 하는 일이라고 봅니다. 그런데 우리는 정책 사업이 너무 과도하다는 것이 문제죠. 사업을 대

폭 줄이고 남는 인력을 통해 학교 현장에서 정책을 제대로 구현하기 위해 실무를 지원하는 방향으로 교육청의 구조 조정을 해야 한다고 생각합니다.

교사들의 기본적인 교육활동, 즉 잘 가르치는 것과 교육적 관계 맺기를 통한 회복적 생활 교육 등이 학교에서 풍성하게 일어나게 하려면 학교의 여러 가지 행정업무를 전담해줄 인력이 필요합니다. 대학교에서 교수들이 연구와 강의에만 전념할 수 있게 해주는 것처럼 다양한 지원이 필요한 것이죠. 왜 체육과에는 조교를 지원해주지 않을까요? 체육 수업은 매번 체육기자재를 준비하고, 경기장을 세팅하고 뒷정리하는 일이 필요합니다. 과학과에는 조교가 있어서 실습실 관리도 하고 실습 준비도 해주고 실습 기자재 신청도 해주는데 체육과는 왜 없을까요? 아까 말씀드렸던 방과후학교나 복지와 관련해서도 지역전문가와 사회복지사를 학교에 제대로 배치하여 그에 따른 행정업무를 지원하는 것도 교육청이 해주어야 할 일입니다.

이런 것을 지원하기 위해서는 다수의 행정 인력이 필요합니다. 교육청, 교육지원청에 근무하는 일반직을 대대적으로 학교 현장으로 보낼 필요가 있습니다. 학교 행정실 직원을 늘린다고 생각하면 되는데, 이 분들이 학교의 다양한 행정 업무를 맡게 되면 교사는 대학의 교수들처럼 교육 본연의 업무에 집중할 수 있게 되죠. 이와 같은 시스템의 변화에 대한 연구가 필요합니다.

Q) 교육청이 핵심 정책 방향을 제시하는 것 외에 정책 사업을 아예 만들지 않는 건 어떨까요? 교육청에서는 시대의 변화에 따라 여러 방면의 의견을 수렴하고 연구하여 교육의 정책적 방향을 제시하는 것까지만 하는 겁니다. 그것을 교육과정에 어떻게 세부적으로 구현할 것인가는 학교가 자율적으로 연구하여 진행하는 것이 좋지 않습니까?

A) 먼저 국가수준의 교육과정이 만들어지는 과정에 현장 경험이 있는 교과 전문가들이 많이 참여하는 구조가 되어야겠죠. 아직까지 교육과정을 만들 때 현장 교사는 거의 참여하지 못하는 상태입니다. 또한 각 학교의 여건이나 지역 상황에 맞게 교육과정을 자율적으로 운영할 수 있는 여지가 많아져야 합니다.

중학교 자유학기제의 경우, 프로그램 운영을 각 학교들이 어떻게 할 것인가는 단위학교에서 결정합니다. 이처럼 지금도 단위학교에서 집단지성을 모아 결정하고 운영하는 부분들이 있습니다. 그러나 그러한 결정들이 제대로 민주적인 과정을 거쳐서 내실 있게 이루어지고 있는지 묻는다면 이에 대해 자신 있게 대답할 수 있는 학교는 매우 드물 것입니다. 무엇보다 그런 자율적인 운영을 해 본 경험 자체가 축적되어 있지 않고 민주적인 시스템이 갖추어져 있지 않으며 이외의 업무도 많은 상황입니다. 이러다 보니 교사들이 상상력과 창의력을 발휘하여 자율적으로 운영할 수 있는 길이 열려 있는데도 교사들이 제대로 받아들이지 못하고 있는 면도 있습니다.

Q) 그렇다고 해도 여전히 교육청은 700개가 넘는 각종 사업을 진행하고 있습니다. 단위 학교에 완전한 자율성을 주지 않고 이렇게 방대한 사업을 하게 되는 이유는 무엇일까요?

A) 교육청 정책정비팀 TF 위원들은 작년에 줄이라고 한 것 중에서 실제로 반영된 것이 몇 퍼센트에 해당하는지 질문하곤 합니다. 올 해도 폐지, 축소, 합병으로 제안한 것이 전체 사업의 30~40% 가량 되는데 실제 반영된 것은 10% 내외입니다. 여러 이유가 있겠지만 예를 들어, 영재 관련 사업은 영재교육진흥법에 따라 운영되기 때문에 법률을 개정하지 않으면 없앨 수가 없더군요.

Q) 그렇다면 불필요한 정책 사업을 야기하는 법률에 대해 교육시민운동 단체들이 법률개정 청원운동을 벌인 적이 있나요?

A) 교육시민운동단체에서 구체적인 법률개정 운동을 벌인 적은 없는 걸로 알고 있습니다. 교육청도 교육정책정비사업과 같이 자구적 노력을 하고 있기는 하지만 그 속도가 느리다 보니 좀 더 획기적으로 변화하지 않는 것에 대한 아쉬움이 있습니다.

Q) 선생님께서 생각하시기에 그 자구책의 핵심은 학교업무정상화라는 것이죠?

A) 단위학교 입장에서 보면 학교 업무 정상화 없이 학교 혁신이나 교육 혁신은 없습니다. 서울시 교육청은 학교를 어떻게 혁신할 것인지 연구하면서 거점 역할, 선도적인 역할을 하는 학

교로서 혁신학교를 지정하여 학교업무정상화를 위한 행정적 지원을 해 왔습니다. 이제 모든 학교에 대하여 학교업무정상화를 지원하여 구성원들의 합의를 통해 자율적이고 민주적으로 운영되는 서울형혁신학교로 서울교육을 바꾸어 나갈 것이라고 기대합니다.

Q) 결국 교육청은 학교의 업무정상화가 이루어지도록 행정적 지원을 하는 동시에 각종 사업을 최대한 펼치지 않는 것이 이상적인 것이라고 요약할 수 있을까요?

A) 그렇습니다. 이제 교육청에서는 어떤 사업을 하달 식으로 지시하지 말고 올바른 방향성을 제시하되 단위학교가 그 방향으로 변모할 수 있게 지원하는 역할에 집중해야 합니다. 이를테면 교장, 교감들을 대상으로 어려워도 학년부 체제의 학교 업무 정상화가 이루어 질 수 있도록 끊임없이 설득해 나가는 작업을 수행해야 합니다. 앞서 말한 것처럼 단순히 토론이 있는 회의를 통해 나온 결과를 보고하라는 방식은 지양해야 합니다. 그 보다는 학교 단위에서 새로운 교육과정을 어떻게 구성해야 좋을지 마음껏 고민하고 연구할 수 있는 여건을 마련해 주어야 합니다.

라. 혁신학교의 경험을 바탕으로 생각하는 교육청 혁신

Q) 그런데 '토론이 있는 교직원 회의'는 사실상 학교의 자율적 운영을 위해 반드시 실현되어야 하잖아요? 일반 학교에서는

이런 문화가 정착되지 않아서 보기 어려운데, 혁신학교는 어떻습니까?

A) 다행히도 혁신학교에는 토론을 통해 자율적 결정을 할 수 있는 문화가 있습니다. 혁신학교에서는 교실에서도 ㄷ자형으로 책상을 배치하여 모둠수업을 많이 진행합니다. 토론을 통해 수업을 하던 교사들은 모여서도 토론하는 문화가 자연스럽습니다. 동일학년 수업연구회 교사들이 자신의 수업을 위해 토론하며 준비하고, 수업공개 후 평가회 때에도 토론하다 보니 자연스럽게 토론문화가 학교에 정착됩니다.

또한 일방적인 전달식 직원회의를 하지 않습니다. 모든 전달사항은 메신저로 처리하고 직원회의는 토론 주제가 있을 때만 열립니다. 직원회의를 열 때는 미리 전체 교사에게 토론 안건에 대해 자세한 안내를 하여 주제를 공유할 수 있도록 하며 사전의견을 수렴합니다. 모둠별로 토의를 진행한 후에 전체 의견을 모아 회의 결과를 공개하는 방식으로 공유하기도 합니다. 그래서 필요한 경우 교장 결재를 득하여 구속력을 받게 하고 학교교육과정에 반영하도록 합니다. 교육청에서 '토론이 있는 교직원회의'를 하라고 말하기 전에 이미 혁신학교에서는 스스로의 필요에 의해 토론문화를 정착시킨 셈입니다. 교육청에서는 일반 학교에도 이러한 문화가 생길 수 있도록 고민하고 여건을 마련해야겠죠.

Q) 혁신학교가 일반 학교와 참 다르군요. 혁신학교의 시도가 교

육계에서 참 중요한 것 같습니다. 어떻게 생각하세요?

A) 오류중학교에서 5년간 혁신학교를 경험한 것은 교직생활의 축복이었습니다. 오류중학교로 전근을 갈 즈음, 교직생활이나 한국 교육 시스템에 대한 불만과 회의가 많았죠. 혁신학교 근무를 통해 이런 불만과 문제의식을 어느 정도 해소하고 "아! 이것이 교육이구나!" "학교는 이래야 되는 거구나!"를 실제로 맛볼 수 있었습니다.

이 경험이 너무나 소중해서 다른 학교로 확산되기를 바라던 차에 서울혁신교육센터에서 연구교사로 일할 기회가 생겼습니다. 1년 동안 서울의 전 학교에 혁신학교의 경험을 공유하고, 민주적인 시스템을 만들 여건이 되지 못해 발을 내디디는 것을 주저하는 교사들을 격려했습니다.

제가 생각하기에 혁신학교는 단위 학교에서 교사들이 개별적, 부분적으로 실행해나가던 개혁을 총체적으로 이루어내는 곳입니다. 수업, 생활지도, 학생회 운영, 학부모와의 관계, 지역과의 관계 등을 총체적으로 고민하는 것이죠. 저는 앞으로 모든 학교가 혁신학교가 되길 바라고, 그러기 위해 교육청이 지원해야 한다고 생각합니다.

Q) 혁신학교 시스템이 현재 교육청 시스템 하에서 운영 가능했던 이유는 무엇입니까? 일반학교와 달리 어떤 지원을 받나요?

A) 교육과정 상으로는 혁신학교가 자율학교 영역에 들어가지만 일반학교와 비교해서 특별히 다른 점은 없습니다. 다만 혁신

학교는 교육청에서 특별히 두 가지 차원의 지원을 받습니다. 인사 발령 상의 혜택과 예산입니다.

오류중학교의 경우, 2009~2010년에 근무하던 교사들 중에는 경기도 혁신학교 경험을 눈 여겨 보면서 혁신학교에 관심을 가지고 그 경험을 배우고자 수업연구모임을 함께 하는 교사들이 있었습니다. 2011년 서울시 교육청이 혁신학교 정책을 실시하기로 했을 때, 이 모임에서 주도적으로 외부 강사를 초청하여 배움의 공동체가 무엇인지 연수도 함께 받고 경기도 혁신학교 탐방도 다니면서 학교 구성원들의 공감을 얻어 혁신학교를 신청했습니다. 이 과정에서 관리자도 혁신학교 운영을 반대하지 않고 동조해 주었죠.

교육청에서는 혁신학교의 경우 근무기간(5년)을 다 채우지 않은 교사라도 지원하면 옮길 수 있도록 해주고, 전입요청 비율도 일반 학교에 비해 높게 해줍니다. 이것이 상당히 큰 인사 관련 혜택입니다. 혁신학교의 가치관, 교육 방향에 대해 동의하는 교사들이 모일 수 있게 되기 때문입니다. 혁신학교를 준비하며 수업연구모임에 참여하던 교사들이 오류중학교에 모일 수 있었던 것처럼 말이죠.

인사 혜택 외에, 가장 큰 지원은 역시 예산입니다. 당시 오류중학교에 지원한 예산은 1억이 넘었고, 교무행정사도 먼저 배치해 주었습니다. 혁신학교와 관련된 연수를 요청하면 교육청에서도 콘텐츠를 구축하여 제공해주었지만, 무엇보다 큰 것은 이러한 행정, 재정적 지원이겠죠.

Q) 교육청에서 벌이는 방대한 각종 사업에 대한 공문을 혁신학교
도 동일하게 받았을 텐데, 혁신학교에서는 그걸 다 하면서 또
단위학교 차원의 새로운 사업도 하는 건가요? 어떻게 가능합
니까?

A) 혁신학교는 다양한 사업을 펼치는 학교가 아닙니다. 교사가
기본적인 교육활동에 충실할 수 있도록 지원하는 학교입니다.
관리자는 다양한 사업을 추진하는 데 마음을 쏟지 말고, 지역
과 학교의 상황에 맞게 진정한 교육활동이 이루어질 수 있도
록 적극 지원해야 합니다. 교육청에서 추진하는 여러 가지 공
모사업에 참여하는 방식으로 일을 벌이면서 동시에 교사들의
자발성과 동료성에 기반하여 수업을 개방하고 다른 교사 수업
을 참관하는 것을 시작하는 것은 불가능하죠. 기본에 충실하
게 수업을 연구하고 학생과의 신뢰관계를 형성해 나가는 것에
온 힘을 기울이고 노력하고자 하는 것이 혁신학교입니다.

저희 같은 경우, 필수 사업 외에 선택 공모사업은 참여하지
않았기 때문에 혁신학교 운영이 가능했습니다. 어떤 혁신학교
에서는 관리자가 교육청의 공모사업에 참여하는 것을 주장하
여 갈등이 불거지는 경우가 있습니다. 이렇게 되면 지속적으
로 교사들의 자발성에 기반하여 학교를 혁신해 나가는 데 제
동이 걸립니다. 혁신학교의 핵심인 자율성이 위축되고 교사는
피로감을 느낄 수밖에 없습니다. 기본적인 교육활동인 수업을
개선해나가기 위해 수업연구를 열심히 하는 것은 교사 개인의
몫이고, 거기에 더하여 학교 차원의 다양한 사업에 힘을 쏟아

야 한다고 생각하는 관리자들이 있는 한, 교사의 자발성에 기반한 학교혁신은 요원합니다.

Q) 관리자들이 다양한 사업을 진행하자고 요구하는 것은 교육청이 끊임없이 여러 가지 사업을 내려 보내기 때문이 아닌가요?

A) 그런 측면이 당연히 있습니다. 또한, 교감이나 교장이 승진하기 위해서는 교육청이 하는 다양한 사업에 참여하는 것이 필요하기 때문이기도 하죠. 현행 승진 구조는, 교사들의 의견과 상관없이 여러 가지 사업을 실시하여 실적을 만드는 방식으로 점수를 따는 구조이기 때문입니다. 그래서 앞에 말씀드린 것처럼 교육계 혁신은 관리자 승진 제도 혁신이 필수적입니다.

Q) 그러면 반대로, 혁신학교를 운영하면서 교육청이 어떤 사업을 진행해주기를 바란 경우도 있을까요?

A) 교사들의 자율적인 동아리, 즉, 수업연구 동아리, 생활교육 동아리와 같이 교사들의 자발성과 동료성을 바탕으로 하는 교사들의 모임을 지원하는 사업이 필요합니다. 현재 서울시 교육청에서 하고 있는데, 지속적으로 행정, 재정적 지원을 해서 교사들의 문화를 바꾸는 데 기여해야 한다고 봅니다.

　　이외에도 현장의 요구에 부응하는 맞춤형 콘텐츠를 선택형 사업으로 실시해야 합니다. 그동안은 지나치게 사업을 위한 사업이거나 행정업무 부담이 과다한 사업들이 많다보니, 정작 교사로서의 소양을 쌓는데 등한시 할 수밖에 없었습니다. 교

육과정에 녹여낼 수 있는 것들도 계기교육이나 범교과 교육과
정이란 이름으로 새롭게 시행할 것을 명령하기도 합니다. 이
렇게 위에서 아래를 통제하는 방식은 속히 없어져야 할 관행
입니다. 가급적 모든 업무나 사업은 (정말 필요하다면) 교과교
육과정으로 녹여내 교과에서 책임지는 방식으로 진행하는 것
이 좋다고 생각합니다.

Q) 일반학교를 혁신학교처럼 자율성이 살아있는 곳으로 바꾸기
위해서는 무엇이 필요하다고 생각하십니까?

A) 학교혁신의 핵심은 학교업무정상화를 통해 일상의 문화를 바
꾸는 것입니다. 일상적으로 학생들과 교육적인 관계를 맺는
문화를 형성해야 한다는 것이죠. 학년부 중심으로 학교의 업
무가 이루어지도록 분배·조정하면 자연스럽게 교사들의 소
통과 협력의 문화가 형성될 수 있고, 이를 통해 학생들을 대
하는 교사들의 태도에도 변화가 생깁니다. 동일 학년 담임교
사들이 한 공간에서 소통할 수 있도록 여건을 마련하는 것이
급선무입니다. 관리자는 예전과 같은 강한 권한을 추구하지
말고, 학년부장들이 자기 학년을 이끌어 갈 때 최대한 힘을
실어 주어야 합니다. 학교 안에 작은 학교 세 개를 인정해야
한다는 의미입니다. 가급적 교육활동과 관련이 없는 업무를
만들지 않는 것도 중요하겠죠. 그래야 교사의 자발적 교육 활
동이 살아나게 될 것입니다.

2. 교육청 장학사의 생각

그렇다면 현재 교육청에서 근무하고 있는 장학사는 이러한 논의에 대해 어떻게 생각하고 있을까요? 학교 혁신을 말할 때 항상 교사가 변해야 한다는 말을 하는 것처럼, 교육청을 혁신하기 위해서는 장학사들의 변화가 필요한 것 아닐까요?

그래서 우리는 2017년 10월 31일 저녁에, 서울시 교육청에서 혁신업무를 담당하고 있는 **이성주 장학사**와 만나서 교육청 혁신에 대한 생각을 들어 보았습니다.

가. 장학사의 일반적인 업무 현실

Q) 장학사님들은 보통 교사보다 훨씬 더 많은 야근에 시달릴 정도로 업무가 과중하다고 들었습니다. 어떠세요?

A) 그렇죠. 매일 평균적으로 8시~9시에 퇴근을 합니다. 업무가 다양하게 참 많아요.

Q) 장학사는 어떤 일을 하는지 감이 잘 안 잡힙니다. 일반적인 업무의 흐름은 어떻게 진행되나요?

A) 어떤 정책 사업에 대해 기획을 하고, 학교 현장에서 실행을 하도록 합니다. 그러면 잘 진행이 되는지에 대해 각 학교의 교감이나 부장들의 회의, 컨설팅 등을 통해 중간점검을 하여 반영해서 계속 시행하고, 사업의 결과가 나오면 그걸 정리하

는 식으로 진행됩니다. 정리 후에 또 피드백을 하구요.

사실 학교 현장의 요구에 맞게 상담을 하거나 장학하는 활동이 더 우선시되어야 하고 집중해야 하지만, 현실적으로는 각종 민원을 처리하는 일이 우선이에요. 그게 교육청 평가에 직접적으로 반영되거든요. 교육청의 해당 부서로 들어오는 다양한 민원을 처리하고 나면 오전이 다 가죠. 하루 종일 걸릴 때도 있고. 민원 때문에 한 달 동안 약 16,000건 정도를 기안하게 됩니다. 그러다 보니까 사안이 생기기 전에 미리 상담, 장학하기 보다는 사후 처리에 급급하게 되고.

또, 업무와 관련된 연수를 진행하게 되면 학교에서 하는 것과 같이 저희도 강사를 섭외하고 참여할 인원을 모집하고 간식을 준비하고 강의 진행과 관련된 모든 일을 장학사들이 직접 합니다. 아시겠지만 이런 일이 의외로 손이 많이 가는데, 교육부 시책으로 꼭 해야 하는 연수들도 있어서 함부로 없앨 수가 없어요.

그리고 학교에 시의원이나 국회의원이 어떤 자료를 요구하는 공문이 가끔 오죠? 교육청에는 더 많이 내려와요. 이런 자료를 수합해서 보내는 일도 꽤 시간이 걸리는 일입니다. 그러다 보니까 장학사 한 명이 부담하는 업무가 과중하다는 말을 다들 하죠.

나. 교육청의 사업이 많은 이유

Q) 정말 일이 많네요. 그런데 어쨌거나 중심 업무는 교육청에서

실시하고 있는 정책 사업이 너무 많기 때문 아닙니까? 700개
나 되는 사업의 수만 줄여도 나을 것 같은데요.

A) 그렇긴 하죠. 그런데 올해(2017년) 교육감 공약으로 진행된
사업은 124개인데, 교육부 시책 사업은 242개입니다. 또, 국
회의원들이나 시의원들이 법령으로 정해서 범교과 교육으로
시행하라고 요구하는 사업들도 30개 가량 되죠. 이러다 보니
까 교육청 차원에서 줄여보려고 해도 한계가 있습니다.

Q) 교육청에서 교육부 시책 사업을 안 하게 되면 어떻게 되는데
요?

A) 저희도 정말 현장에 필요 없다고 생각하는 것은 받아들이지
않으려고 하는 편입니다. 그렇지만 상당히 세부적으로 지침을
정해서 사업을 시행하도록 내려오는 편이고, 사업을 하지 않
으면 예산을 받을 수가 없거든요. 약 20%정도 예산을 축소해
버리죠. 그래서 아예 안 할 수는 없습니다.

물론 교육부의 시책사업, 즉 특별교부금을 쓰는 사업에 대
한 협의회가 매년 열립니다. 하지만 여기에 교사의 의견은 들
어가지 않습니다. 장학사와 국회의원들이 다 결정하게 되는데,
그러다 보니까 현장에서 별로 필요하지 않은 사업들-특히 이
권 단체의 입김을 받은 것도 하게 되는 겁니다.

교육부 시책과 별개로, 법령으로 이미 정해진 사업에 대해
서는 교육청에서 안 따를 수가 없고요.

Q) 사업이 많아지는 데에는 여러 이유가 얽혀 있군요. 그래도 교육청 자체 사업을 줄이는 건 가능하지 않나요?

A) 예. 다행히 서울시 교육감의 공약에 정책사업을 폐지, 축소하겠다는 것이 들어 있었습니다. 그래서 교육정책사업평가를 교육청 TF팀을 통해 자체적으로도 실시하고, 여러분과 같은 현장정책평가단을 뽑아서 의견을 충분히 수렴하여 학교에 부담을 주거나 효과가 미미한 정책사업은 꾸준히 없애 왔습니다. 이번에도 교육청 자체 정책사업의 15% 가량(약 80건)은 정비(폐지, 통합, 축소)했죠.

물론 이걸로 만족할 수는 없습니다. 교육청 정책사업 정비가 대규모로 이뤄지지 않는 데에는 교육청의 구조적인 문제가 있습니다. 일반적인 인식과는 다르게, 저희 장학사들도 과중한 업무를 좋아하지 않습니다. 그런데 교육 관료 승진 제도가 사업을 많이 하지 않으면 좋은 평가를 받기 어려운 구조입니다. 장학사는 굳이 승진을 하고 싶지 않더라도, 그 위에 있는 장학관(주로 과장)들은 실적을 내서 더 올라가고 싶은 사람이 많기도 하구요.

사업이 줄면 해당 부서의 인원을 줄여야 한다고 생각해서 섣불리 사업을 못 없애는 것도 있습니다. 남의 밥그릇을 뺏고 싶어 하는 사람은 없으니까요. 사업을 줄이고 그 시간에 현장을 더 지원하는 방향으로 가야 하는데, 아직 이런 정도의 인식 개선은 이루어지지 못한 상태입니다.

또, 정책 사업을 살펴보면 비슷비슷한 사업을 여러 부서에서 하는 경우가 있어요. 부서들끼리 이야기를 해서 한 쪽을 없애고 협조를 받아 시행하면 되는데 서로 대화를 안 합니다. 이러한 칸막이 현상은 부서 이기주의에서 나오는 건데, 역시 방금 말한 승진구조, 실적 중심 사고방식에서 비롯된 것이죠. 그러다 보니 각각의 부서에서 이중, 삼중으로 비슷한 사업을 벌이게 됩니다. 학교에 각각 요구하는 경우는 그만큼 현장 부담이 가중되고요. 요즘은 중요한 사안은 TF팀을 구성하여 함께 해결하려는 노력이 있긴 하지만, 아직 많이 미흡합니다.

특히 교사 출신인 전문직 공무원(장학사)들은 그나마 현장 중심으로 생각하고 지원하는 정책을 고안하고 사업 축소, 폐지에 대해서도 긍정적인데 비해, 일반직 공무원(행정 업무 전담)들은 교직 경력이 없기 때문에 사업을 정비하는 데 호의적이지 않을 때가 많습니다. 전문직과 다르게 이들은 업무가 없어지면 자기 자리가 없어지는 게 맞기도 하고. 교육청 혁신과 관련해서, 사업을 대폭 축소하면 생기는 교육청 인력-즉, 일반직 공무원을 학교로 보내어 행정 업무를 지원하도록 하자는 의견들도 최근에 많이 나오지만 그걸 받아들이는 입장에서는 쫓아내는 느낌인가 봐요. 물론 원래 하던 일을 하는 게 더 편하기도 하겠죠. 일반직 공무원의 생각을 바꾸기 위한 노력이 앞으로는 중요할 겁니다. 교육청에서 일반직 인원이 70%나 차지하고 있기 때문에 이들을 설득하지 않고서는 교육청 정책을 정비할 수가 없거든요.

Q) 그래도 서울시 교육청은 진보 교육감이잖아요. 교육감이 제일 큰 권한을 갖고 있다고 법에 나와 있는데 그렇다면 사업 계획을 세울 시기에 아예 모든 업무를 없애고 재구조화 해보자, 하면서 과감하게 사업 축소를 시도해보는 건 어떨까요?

A) 정말 혁신적인 생각입니다만, 아까 말씀드린 대로 일단은 교육부 시책 사업과 법령에 의한 사업을 그대로 진행해야 합니다. 교육부 시책 사업을 줄이는 문제는, 새로운 교육부 장관이 교육감 협의회를 통해서 여러 의견을 듣고 학교 현장의 자치를 최대한 살려주는 방향으로 교육 정책을 추진한다고 하니 기대해봐야겠죠. 실제로 올해 8월에 교육부와 교육감협의회는 제 1회 교육자치정책협의회를 개최해서 학교 현장이 원하는 3대 중점과제39)를 시행하기로 결정했습니다. 이것이 잘 시행되기만 해도 불필요한 사업은 대폭 감축될 겁니다.

현실적으로 교육감이 교육청에 있는 600여 명의 말을 무시하고 독불장군처럼 모든 업무를 다 없애겠다고 선언할 수도 없습니다. 따라 주지도 않고요. 저처럼 교육청이 바뀌길 바라는 사람도 많지만, 현행 제도에서 승진하고 싶은 사람들과 변화를 거부하는 사람들도 많으니까요. 그렇다면 교육청 정책

---

39) ① 교육부의 재정지원 사업 전면 개편 : 특별교부금 4%→3% 축소, 시책사업 통폐합, 상향식 공모사업 운영, 예산 수시 교부→교육청에 10월까지 교부, 학교에 1월까지 배정 완료)
② 학사운영 자율성 강화 및 행정 부담 경감 : 공문 축소, 연구학교 조기 선정 및 대폭 축소, 2월에 교장 인사 발령
③ 시도교육청 조직, 인사 운영 및 평가의 자율성 확대 : 4급 이상 정원 승인권 폐지, 교육청 자체 평가제 도입 및 평가지표 축소, 지방교육재정 분석과 재정평가 일원화

사업 중에서 학교에서 충분히 자율적으로 시행 가능한 사업과 교육청에서 추진할 사업을 분과별로 심층 토론하여 자율적으로 조정하도록 할 수밖에 없습니다. 교육청에서 자체적으로 꾸준히 정책정비 TF팀을 운영하는 이유도 이런 문화가 교육청에서 자리 잡히길 바라기 때문입니다.

이제 2018년부터는 정책 총량제, 정책 일몰제, 목적사업비 총량제[40] 등을 도입해서 더욱 가시적인 성과가 나도록 노력하고 있습니다. 그러니 학교 현장에서도 관심을 갖고 지속적으로 목소리를 내주시면 좋겠습니다. 이 연구와 같은 것도 많을수록 좋고, 교육청에서 실시하는 설문조사에도 적극 참여해서 의견을 내주세요. 교육감 입장에서도 사업 정비에 찬성하는 여론이 많다는 것을 근거로 보여야 자신 있게 이 일을 밀고 나갈 수 있거든요.

아, 그리고 시민단체에서 교육감 매니페스토 운동을 하고 있는데 주로 교육감 공약 평가를 하거든요. 그런데 공약을 실현하려면 사업을 제대로 했냐는 것 위주로 평가합니다. 하지만 정책 사업을 얼마나 많이 없앴느냐에 대한 평가는 하지 않아요. 처음부터 실현 불가능한 공약을 제시하지 않는 것도 중요하고, 교육감 재임 기간 동안 얼마나 많이 학교 현장이 원

---

40) 정책 총량제 : 교육청 자체 사업의 수를 제한해서, 하나의 사업을 기획하면 불필요한 사업을 폐지하도록 하여 지나친 정책 남발을 제어하는 제도
정책 일몰제 : 사업의 기한(3년, 5년 등)을 정하여 소기의 성과를 달성했으면 폐지하도록 하는 제도
목적사업비 총량제 : 교육청에서 실시하는 목적사업비의 총 예산을 정해놓고, 그 한도 내에서만 사업을 운영하도록 하는 제도

치 않고 불필요한 사업을 폐지했는가에도 주목해서 평가해주시면 좋겠습니다. 아무래도 교육감은 선거를 통해서 유지되는 자리인 만큼, 이런 데에 민감하거든요.

다. 학교의 자율성을 살리는 교육청의 혁신 방향

Q) 교육청이 정책 사업을 계속해서 줄이고 학교 현장의 자율성을 살리는 방향으로 가도록 저희도 주시하는 걸 놓으면 안 되겠네요. 그렇다면 학교에서 자율성을 살리도록 지원하는 업무만 교육청에서 하게 된다면 구체적으로 어떤 게 될까요?

A) 저희도 계속 정책 연구를 하고 있기는 한데, 단위학교 중심으로 교육행정 구조를 개편하고, 학교 교육과정 편성 · 운영의 자율권을 확대하는 것, 학교 단위로 교직원 인사 · 조직의 자율성을 확대하고 학교 재정의 자율권을 보장하는 것, 이를 위해서 학교에서 의사결정 역량을 키우도록 지원하는 것 정도를 생각할 수 있습니다.

행정구조 개편에 관해서는 교육청의 행정 구조 혁신이 될 테고, 교육과정 편성 지원에 대해서는 관련 연수와 매뉴얼 개발 · 보급, 창의적 체험활동을 학교 차원에서 자율적으로 운영할 때 도움이 될 만한 방안 등을 연구해서 알려주는 것 등이 있습니다. 교원인사자문위원회를 내실화하고, 학교 구성원들이 토론과 협의 따라 조직을 운영할 수 있도록 컨설팅을 진행하고 예산 편성할 때 필요한 안내자료를 제작해서 배포하여 학생, 학부모, 교직원이 예산 편성에 적극적으로 참여할 수 있도록 해야 합니다. 교육공동체의 민주적 소통이 중요하기 때문에 교직원 문화도 개선하고, 학부모회나 학생회의 역량 향상을 위해 지원하구요.

이런 업무에 집중할 수 있도록 교육청이 혁신된다면 정말로 학교를 지원하는 교육청이 되지 않을까요?

V. 행복한 학교를 꿈꾸며

　많은 선생님과 학생들, 학부모님들이 행복한 학교를 꿈꿉니다. 각자가 꾸는 꿈은 조금씩 다르겠지만, 지식만을 아이들의 머릿속에 밀어 넣고 다른 이들과 경쟁하여 이긴 사람만 모든 것을 독식하는 것이 권장되는 학교는 아닐 것입니다. 배려와 협력을 통해 학생들이 실제 삶에서 성장하고, 배움의 즐거움을 느끼며 안전하고 평화롭게 생활하는 곳, 그래서 학생뿐만 아니라 선생님과 학부모까지 모두 행복한 학교가 바로 우리의 꿈입니다.

　그런 학교를 만들기 위해, 정말 학교다운 학교를 만들기 위해서는 다양한 여건이 조성되어야 합니다. 사회적인 풍토도 중요하고, 교사 · 학부모 · 학생 각 주체의 노력도 필수적입니다. 그렇지만 구조적인 문제를 정책이나 법률을 통해 개선하는 것도 필요합니다. 이를 위해서는 정부와 교육청의 역할이 중요합니다. 특히 각 지역에서 민주적 선거를 통해 뽑히는 교육감이 앞장서서 정책을 펼치는 교육청의 역할이 중요해진 시대입니다. 그래서 저희는 교육청의 혁신을 기대하고 이 연구를 시작했습니다. 지금까지처럼 현장의 교사를 감독하고 제한하는 방식으로 일하는 것이 아니라, 가능한 잡무를 없애고 자율적으로 교육을 할 수 있도록 지원해주는 방식으로 일하는 교육청을 바라기 때문입니다.

선행 연구를 통해서, 교육청이 업무를 재구조화하고 변화하기 위해서는 교육감의 의지가 가장 중요하다는 것을 볼 수 있었습니다. 학교가 정상화되기 위해 '학교자율화' 정책을 시행해야 한다는 점에 대해서는 대부분 공감하지만 교육청과 학교 현장에서는 시각 차이가 존재하다는 것도 보았습니다. 학교에서는 자율화를 바라고 있지만 교육청은 여전히 학교 현장을 믿지 않는 편이었죠. 그렇더라도 교육청의 혁신은 단위 학교에서 진정한 교육이 일어나도록 지원하는 방향으로 진행되어야 한다는 연구가 대부분이었습니다. 교육청의 혁신은 이제 완전히 새로운 미래를 준비하는 우리 교육계의 시대적 과제입니다.

이러한 생각을 바탕으로, 저희는 현재 교육청이 어떤 사업을 하고 있는지를 살펴보았습니다. 2017 서울시 교육청 현장평가단 활동을 하면서 받게 된 교육청 사업목록 700개를 8가지(업무지원, 연수지원, 학생지원, 시설지원, 학부모지원, 모니터링, 기타, 불필요한 사업)로 분류하고 각 항목에 대해 현장평가단의 의견과 저희 생각을 정리했습니다. 특히 교육청이 추진하는 사업들을 단위학교의 자율성 증진에 기여하기 위해서 어떻게 정비해야 하는가에 초점을 맞추어 평가했습니다. 저희가 분류한 '불필요한 사업'들은 교육적으로 의미가 없다는 것이 아니라, 교육청에서 단위학교를 더 믿고 교육 과정을 충실하게 구성하도록 (사업 명목이 아닌) 자율적으로 사용할 수 있는 예산을 지원해줄 때 오히려 효율적이라는 측면에서 판단한 것들입니다. 지나치게 많은 교육청 사업들을 정리할 때 최우선적으로 반영해주길 기대해봅니다.

서울시 교육청에서 2017년 동안(2018년과 크게 다르지 않음) 핵 심적으로 추진한 정책 사업에 대해서는 따로 14개를 골라서 더 자 세히 살펴보았습니다. 사실상 '학교업무 정상화 및 공모사업 학교 선택제'를 제외하면, 이 사업들도 충분히 교육과정에서 자율적으로 시행할 수 있는 내용이라는 것을 알 수 있습니다. 모든 사업들이 좋은 의도에서 기획된 것이고, 실제로 현장에서 좋은 평가를 받고 있는 것들도 있습니다. '희망교실'이나 '서울형 자유학기제', '초1, 2 안정과 성장 맞춤 교육과정 운영' 같이, 현장의 긍정적인 변화를 이끌어내고 있는 사업도 있었습니다. 그렇지만 이런 사업들도 현장 에 정착이 되는 수준에서만 시행하고 학교에서 자체적으로 진행하 도록 유도해야지, 굳이 계속해서 정책적으로 사업이라는 이름으로 시행할 필요는 없다고 생각합니다. 교육청에서는 교육의 방향을 설 정하고, 그것을 달성할 수 있도록 여건을 조성하는 데에 집중해야 합니다.

이러한 평가가 실제적인 업무를 하시는 분들의 의견과는 어떻게 같은지(혹은 다른지)에 대해 알기 위해, 저희는 혁신학교에서 근무 하신 강정구 선생님과, 교육청 혁신 업무를 맡고 계신 이성주 장학사님과 인터뷰를 했습니다.

먼저 강정구 선생님과는, 이미 자율적으로 학교의 변화를 위해 노력하는 혁신학교 교사로서의 근무 경험을 통해 볼 때 교육청이 어떤 측면으로 업무를 진행해야 바람직할까에 대해 주로 이야기했습니다. 학교 혁신의 핵심은 교사의 자율성이므로, 교육청에서는 학년부 중심의 학교업무정상화에 대한 지원에 집중해야 한다는 것이 결론이었습니다. 교육청에서는 사업을 최소화하고 꼭 필요한 사업만 선택할 수 있도록 하여 교사들이 수업연구와 생활지도에 집중할 수 있는 학교 자율운영체제를 보장해 주어야 한다는 것이죠. 관리자들도 토론이 있는 직원회의 등 민주적인 합의과정을 통해서 학교 업무를 결정하고 운영해야 하는데, 이를 위해서도 교육청이 관리자 연수나 컨설팅을 통해 지원할 필요가 있습니다. 혁신학교에서 꿈꾸는 행복한 학교는, 동료 교사와의 협력과 소통 및 자발성에 기반하여 교사 본연의 교육활동에 충실할 수 있는 곳입니다. 이러한 시스템을 구현하도록, 교육청은 불필요한 업무나 사업들은 정비하고 필요한 행정적, 재정적 지원을 해야 한다는 의견이었습니다.

한편, 교육청에 근무하면서 직접적으로 교육청 혁신의 필요를 절감하고 계시는 이성주 장학사님께서는 내부적인 관점에서 왜 교육청의 업무가 많은가, 왜 사업을 대폭 줄일 수 없는가 등에 대해 현실적인 이유를 들었습니다. 교육청에서도 자체적으로 노력하고는 있지만, 교육부 정책이나 법령 때문에 어쩔 수 없이 실시하는 사업들도 많고 부서간의 칸막이 현상, 잘못된 인식과 관행, 일반직 공무원과 전문직 장학사의 관계 등이 현실적인 어려움으로 작용한다는 것입니다. 그렇더라도 서울시 교육청에서 정책 총량제, 정책 일몰제, 목적사업비 총량제 등을 통해 계속해서 불필요한 사업 축소 노력을 하는 것은 고무적입니다. 시민단체, 교사단체에서도 이런 노력에 힘을 실을 수 있도록 지금까지의 성과를 지지하고 계속해서 목소리를 높여달라는 의견도 있었습니다. 현재 교육청의 혁신을 원하는 장학사가 많다는 것도 꽤 희망적이라고 생각했습니다.

행복한 학교를 위해 교육청은 무엇을 해야 할까요? 아니, 교육청이 꼭 있어야 할까요? 북유럽 국가들은 실제로 교육청이 없지만 선진적인 교육을 한다고 평가 받고 있습니다[41]. 북유럽 나라들은 소규모 국가이고 민주적 의사소통의 뿌리가 깊기 때문에 가능하다고는 하지만, 우리나라가 그렇게 큰 나라는 아닙니다. 민주적인 의사소통 문화가 성숙하지 못해서 합의와 책임 문화가 정착되지 않은 면은 걸리지만, 그렇다고 못할 것도 아니죠. 교육청이 없어지면 학교가 안 돌아갑니까? 교사들은 아무도 그렇게 생각하지 않습니다. 그럼 학부모나 학생은 교육청이 필요하다고 생각할까요? 글쎄요. 결국 교육청이라는 기관이 필요하다고 생각하는 것은 교육청 소속 직원들뿐인지도 모릅니다.

더 이상 교육청이 이렇게 존재의 의미 없이, 현장에서 인정받지 못하는 정책사업만 양산하는 체제로 가서는 안 됩니다. 행복한 학교를 꿈꾸고 실제로 만들기 위해 애쓰고 있는 교사의 뒤를 지원해

---

41) 이번 연구에 북유럽 교육에서 교육청(혹은 교육부)의 역할이 어떤지, 우리나라와 비교해보려고 시도했으나, 관련 자료가 부족하여 담지 못했습니다. 후속 연구가 나오길 기대합니다.

주는 것이 교육청의 몫이 되어야 합니다. 많은 이들의 이해관계가 얽혀 있고, 교육부와의 관계 · 법령 개정 · 인사제도 개선 등의 구조적 문제도 해결해야 하는 어려운 일입니다. 그렇더라도 꼭 해결하고 넘어가야 할 시대적 과업입니다.

부족한 것이 많은 연구였지만 이 책을 남기는 것은, 행복한 학교를 만들기 위해서는 교육청이 반드시 바뀌어야 한다는 현장의 목소리와 생각을 기록하고 싶었기 때문입니다. 지금도 교육청 혁신을 위해 (서울뿐만 아니라) 각 지역에서 애쓰고 계신 수많은 분들께 감사를 드리며, 속히 이러한 노고의 결실을 볼 수 있길 기도합니다.

참 고 문 헌

김경회, 박수정(2012). 학교 자율화에 대한 교육감과 학교장의 인식 분석. 지방행정연구26(1)

박수정(2014). 한국 지방교육자치 연구. 학지사.

오재길, 이수광, 정병오, 김은정, 홍섭근(2015). 교육지원청 혁신 방안 연구. 경기도교육연구원.

공정희. 〈행정기구 변화와 행정기능 변화의 대응관계 연구〉. 부경대학교 대학원 석사 학위 논문. 2010

김문주. 〈지역교육청의 학교지원기능 강화 방안에 관한 연구〉. 전북대학교 대학원 석사 학위 논문. 2011

권재원. 〈공문, 그리고 교육지원청〉. 좋은교사운동 토론회 자료. 2014

김성천. 〈교육전문직, 어떻게 바라볼 것인가〉. 좋은교사운동 토론회 자료. 2014

김중훈. 〈교육청과 학교 비리, 어떻게 형성되는가? 그 개선 방안은?〉. 좋은교사운동 토론회 자료. 2014

홍인기. 〈교육부와 교육청이 올바른 자리매김을 위한 방안〉. 좋은교사운동 토론회 자료. 2014

김진우. 〈학교 혁신을 위한 교육청 혁신, 어떻게 할 것인가?〉. 좋은교사운동 토론회 자료. 2014

김진우. 〈시도교육청 관료주의 실태 및 정책 분석-서울을 중심으로〉. 좋은교사운동 토론회 자료. 2015

손현탁. 〈시도교육청 평가, 학교평가, 학교 성과급 평가 정책 분석〉. 좋은교사운동 토론회 자료. 2015

조미숙(2006). 〈방과후 교육제도에 관한 비교 연구: 스웨덴, 독일, 미국, 일본〉. 인하교육연구(2006, 12)

〈좋은교사〉 저널. 2016년 2월호.
2017 서울시 주요업무계획
2017 서울교육정책 현장평가단 교육정책정비 대토론회 자료집, 2017.

부록

2017년 서울시 교육청 세부 업무(항목별 분류)42)

1. 학생지원(185개 - 26.4%)

연번	사업명	사업 근거	예산 (단위:천원)
1	만3-5세아 보육료	유아교육법제25조	355,485,480
2	무상급식	지방재정법,지방자치법	289,182,117
3	만3-5세아 유아학비	유아교육법제24조	236,006,937
4	교육급여 지원	국민기초생활보장법	57,457,224
5	무상교과용도서 지원	교육기본법 8조, 초중등교육법 제12조 및 제29조, 장애인등에 대한 특수교육법 제3조	56,108,345
6	초등돌봄교실 운영	ㅇ주요업무계획 ㅇ초·중등교육과정고시2015-74호 ㅇ국정과제(63-4.초등방과후돌봄 기능강화)	51,870,349
7	초등돌봄교실 운영	ㅇ주요업무계획 ㅇ초·중등교육과정고시2015-74호 ㅇ국정과제(63-4.초등방과후돌봄 기능강화)	51,870,349
8	특성화고장학금 지원	장학금규정(대통령령)	42,712,865
9	급식비지원	학교급식법, 초중등교육법	32,371,638
10	교육복지우선지원학교지원	초중등교육법, 교육부훈령, 공약사업	30,853,650
11	학비지원	초중등교육법	29,448,511
12	방과후학교자유수강권지원	초중등교육법	25,830,010
13	치료교육비 지원	2017특수교육기본계획	11,016,000
14	학습준비물지원	주요업무계획	10,712,000
15	기타수익자부담경비지원	초중등교육법	10,671,344
16	방송통신중고 운영	초중등교육법 51조	6,321,868
17	교육정보화지원	초중등교육법	5,625,690

42) 원 자료는 2017 서울시교육청 현장평가단 모두에게 배포된 2017년 교육정책사업 정비대상 사업 목록. 그 중에서 사업명과 사업근거, 예산만 소개합니다. 일반직 공무원이 처리하는 사업은 이미 정비대상 사업 목록에서 제외하였기에, 실제 교육청이 다루는 업무는 표에 제시된 700개의 사업 이상입니다. 예산에 액수가 적히지 않은 것이나 2016년 사업명이 적힌 것은 모두 교육청의 원 자료를 그대로 따른 것이므로 저희도 확실치 않습니다. 8가지 분류는 본문에서 밝혔듯이, 저희가 임의로 한 것이며 사업에 대한 저희의 무지(無知) 및 단순 실수로 잘못 분류된 것이 있을 수 있으니 너그러이 양해를 부탁드립니다.

18	꿈을 담은 교실 만들기	교육청-서울시 협력사업	5,000,000
19	마을기반형교육복지협력사업	서울특별시교육청 교육복지 민관협력 활성화 조례	4,960,750
20	초등 3학년 수영교육 지원	교육부추진사업	4,796,245
21	실습재료비 지원	주요업무계획	4,344,805
22	방과후활동지원	2017 서울특수교육 운영계획	4,127,000
23	학습부진 전담강사 지원	주요업무계획	3,354,000
24	Wee 센터 운영	초중등교육법 시행령 제34조	3,109,125
25	영재교육원운영	영재교육진흥법제7~8조	3,002,303
26	다문화언어강사 배치	다문화가족지원법 제6조 및 동법 제16조, 주요업무계획	2,904,000
27	자치구별 진로직업체험지원센터 운영 지원	교육감 공약 연계 사업	2,677,400
28	3세대 하모니	주요업무계획, 서울유아교육지원계획	2,040,765
29	시청각장애 특성화센터운영 (장애특성화특수교육지원센터운영)	교육부 추진 사업	1,811,185
30	학교우유급식관리	낙농진흥법 제3조 학교우유급식사업시행지침	1,767,300
31	서울영어마을 사회적 배려계층 참여학생 지원	2016년 서울시 교육지원사업 운영(안)	1,512,100
32	학생참여예산제	교육감 공약사업	1,446,300
33	서울두드림학교 운영	교육부추진사업(초중등교육법 제28조 및 동법시행령 제54조)	1,336,000
34	악기대여지원사업(바이올린)	교육부추진사업	1,288,000
35	통학지원	2017특수교육기본계획	1,132,400
36	어깨동무학교프로그램 운영	교육부추진사업	1,041,800
37	진로체험동아리	교육부 특교사업	935,360
38	서울학습도움센터 운영	교육부추진사업(초중등교육법 제28조 및 동법시행령 제54조)	924,166
39	사립유치원교재교구비지원	유아교육법제26조	902,400
40	발명교실운영	특허청 추진 사업	826,926
41	방과후학교 위탁강사 운영	교육부지원사업	792,000
42	특성화고기능선수반운영	주요업무계획	780,000
43	공립유치원 지역거점 버스 운영	서울특별시교육청 초등교육정책과-13655(2008.8.29)	768,000
44	학업중단 다수발생 학교 지원	학업중단 예방 및 학교밖청소년지원방안(교육부,여성가족부)	754,200
45	사회통합전형 맞춤형 대상자 프로그램 운영	교육부 학교정책과(사회통합전형 지원 특별교부금 추진 계획)	743,000

46	오디세이학교운영	교육감 공약사업	672,913
47	엄마품 온종일 돌봄교실	주요업무계획, 서울유아교육지원계획	640,000
48	직업교육비지원	2017 서울특수교육 운영계획	635,000
49	진로직업박람회	주요업무계획	628,820
50	오케스트라활성화 지원	주요업무계획	625,440
51	특성화고 취업기능강화사업	주요업무계획	600,000
52	병원학교 및 화상강의 운영	교육부 추진 사업	565,735
53	학교 흡연예방 및 금연교육 사업지원	보건복지부 학교흡연예방사업기본지침 서울시교육청학교보건업무안내	448,356
54	117학교폭력신고센터 운영	학교폭력예방및 대책에관한 법률	436,123
55	창의아이디어경진대회 및 창의캠프 운영	교육격차해소와 인재양성을 위한 교육지원조례	388,000
56	서울기초학력지원시스템 운영	교육부추진사업(초중등교육법 제28조 및 동법시행령 제54조)	374,000
57	학생건강검사	학교보건법 제7조	353,859
58	초중학생영어체험교육	주요업무계획	342,346
59	학생오케스트라	교육부추진사업	322,000
60	단체영역 체험교육 (체험교육프로그램운영)	서울특별시교육청행정기구설치조례	317,323
61	청소년도움센터친구랑운영	학업중단 학생 복귀 지원 사업(교육부 학생복지정책과-1236, 2014.3.16) ,교육감공약이행사업	301,534
62	유아학비부대경비	유아교육법제26조	301,200
63	기계공동실습소 운영	산업교육진흥및산학연촉진에관한 법률 제4조, 주요업무계획	300,000
64	취업지원센터 운영	교육부 특교사업, 주요업무계획	288,240
65	공립초스쿨버스운영	주요업무계획	267,000
66	만3~5세(장애)유아학비	장애인등에대한특수교육법제3조	230,640
67	체험교육지원 (체험교육프로그램운영)	서울특별시교육청행정기구설치조례	230,400
68	서울진로진학정보센터운영	서울특별시교육청행정기구설치조례 제17조5항	208,525
69	학생인권동아리 지원	학생인권조례 18조	200,000
70	진로체험관(센터) 운영 지원	주요업무계획	185,000
71	학습보조기 및 보조공학기기 지원	2017특수교육기본계획	183,000
72	청소년도움센터친구랑 휴게센터 신설	교육감공약이행사업	160,000
73	산내들자연체험캠프	주요업무계획	150,647

74	역사체험올레길 프로그램	교육감 공약사업	150,000
75	학교협동조합 활성화 지원	교육감 공약사업 학교협동조합지원및육성에관한조례	133,564
76	상업경진대회지원	숙련기술장려법 20조, 주요업무계획	130,000
77	학생자치활동캠프	초중등교육법 제17조, 주요	125,120
78	학생인권교육센터운영	학생인권조례 42조	124,593
79	과학탐구대회	미래과학창조부령	121,208
80	찾아가는 마음건강상담	학교보건법 제11조, 정신보건법 제2조, 동법 제4조, 제4조의2, 서울특별시교육청 행정기구 설치조례 제42조 7항, 교육부 2014년 학생 건강증진 기본방향	110,051
81	찾아가는 인권교실운영	학생인권조례 29조	105,300
82	학교도서관 청소년 문화까페 지원	교육감 공약사업	100,000
83	민주체험올레길 프로그램	교육감 공약사업	100,000
84	학교급식식중독관리	학교급식법 제10조, 제12조, 제19조 학교급식법시행규칙제6조,제9조 교육부학생건강증진기본방향/위생 관리지침	95,901
85	학생뮤지컬	교육부추진사업	95,000
86	야영캠프운영	주요업무계획	90,596
87	다문화학생 모국 체험단	다문화가족지원법 제6조 및 동법 제16조, 주요업무계획	90,000
88	꿈넘꿈 운영	주요업무계획	87,000
89	학생연극회	교육부추진사업	85,000
90	학생참여위원회 운영	초중등교육법 제17조, 주요업무계획	77,150
91	아태학교 리더십 아카데미(아태지역 학교 리더십 아카데미)	-2017년 주요업무계획	70,000
92	여신50+운동	교육감 공약사업	70,000
93	학폭가피해학생치유 (나키움,나세움캠프)	학교생활교육과	70,000
94	문화예술 체험교육 (체험교육프로그램운영)	서울특별시교육청행정기구설치조례	66,480
95	찾아가는수련교육	주요업무계획	66,180
96	학생상담자원봉사단운영	주요업무계획	66,064
97	가업승계자프로그램 운영	주요업무계획	64,000
98	뚝딱뚝딱 어울림 인권공방	서울특별시학생인권조례	64,000
99	장애학생희망일자리사업	2017 서울특수교육 운영계획	63,380

100	2017년 국제교류학교 활성화 지원(신규 국제자매결연 체결학교 지원)	2017년 주요업무계획	63,000
101	튼튼이캠프	학교급식법 제13,14조, 서울특별시교육청 행정기구 설치 조례 시행규칙 제43조	57,838
102	글로벌문화체험 캠프	주요업무계획, 교육감결재	51,336
103	중1여학생 신나는 자전거 교육	교육감 공약사업	50,000
104	고등학교과정 중도중복장애학생 전환지원	장애인등에대한특수교육법	50,000
105	찾아가는 눈 건강교실 체험학습	교육기본법 제27조, 학교보건법 제9조, 서울특별시교육청 행정기구 설치 조례 제23조 및 동 조례 시행 규칙 제42조	48,200
106	특별이수과정운영(고)	초중등학교 교육과정(교육부 고시)	47,180
107	한일중 어린이 동화교류대회	교육부 연계 사업 2017년 주요업무계획	42,500
108	다문화 유치원 운영	다문화가족지원법 제6조 및 동법 제16조, 주요업무계획	42,000
109	도전모험활동	주요업무계획	40,561
110	다문화학생직업교육지원	다문화가족지원법 제6조 및 동법 제16조, 주요업무계획	40,000
111	해피드림캠프(대성리)	주요업무계획	36,856
112	임원학생수련활동	주요업무계획	35,938
113	중학교 미이수과목 보충학습과정 운영	초중등학교 교육과정(교육부 고시)	34,325
114	친구와 함께하는 다문화 소통나눔기쁨 캠프	다문화가족지원법 제6조 및 동법 제16조, 주요업무계획	30,000
115	학업중단숙려학생캠프(나래숲)	학교생활교육과	30,000
116	전국학생체육대회 (시도대항육상대회)	학교체육진흥법 제6조	29,825
117	오름짓캠프	주요업무계획	28,050
118	해피드림(축령산)	주요업무계획	25,724
119	게으름뱅이캠프	주요업무계획	25,300
120	여학생스포츠한마당운영	학교체육진흥법 제6조	23,700
121	청소년단체활동지원(사제동행걷기)	청소년활동진흥법 제3조	21,000
122	예술동아리 지원	2016 학교예술교육 활성화 추진 계획	20,000
123	새친구캠프	주요업무계획	19,308
124	학생기능경기대회지원	주요업무계획	17,320
125	가족천문교실,유치원과학체험교실, 토요가족생태,633징검다리	서울시교육청 행정기구 설치조례 시행 규칙	15,755

126	가족 체험교육 (체험교육프로그램운영)	서울특별시교육청행정기구설치조례	15,740
127	현장직업체험(청진기)	교육감 공약 연계 사업	15,340
128	전국학생체육대회(체조대회)	학교체육진흥법 제6조	15,180
129	또래노동인권지킴이단운영	직업교육훈련촉진법	14,400
130	서울교육인증제	서울교육인증제시행계획(학교정책 과-8972,2013.6.18)	14,000
131	모꼬지비전캠프	주요업무계획	12,680
132	다문화어울림캠프	주요업무계획	12,244
133	인터넷스마트폰 이용습관 전수조사	국가정보화기본법 제30조의 8 여성가족부청소년인터넷스마트폰이 용습관진단(청소년매체환경과-866 ,2014.4.9)	12,230
134	교육감(장)기(배) 육상대회	학교체육업무메뉴얼	11,240
135	학생교류(제주)힐링캠프	제주특별자치도 업무협약	10,880
136	교육감배 수영대회	학교체육업무메뉴얼	9,720
137	일반고전성시대지원 토요과학프로그램	서울시교육청 행정기구 설치조례 시행 규칙	9,400
138	전국학생체육대회(사격)	학교체육진흥법 제6조	9,360
139	전국학생체육대회 (시도대항양궁대회)	학교체육진흥법 제6조	7,590
140	동아리천제관측활동	서울시교육청 행정기구 설치조례 시행 규칙	6,950
141	천마자연체험 및 도전야영활동	주요업무계획	5,950
142	북경 국제학생 여름캠프 참가	서울특별시교육청과 북경시교육위원회 간 교육 교류 확대에 관한 업무협약서 2017년 주요업무계획	5,930
143	나이스연계특수교육지원프로그램운영	2017 서울특수교육기본계획	5,872
144	교육감배 체조대회	학교체육업무메뉴얼	5,740
145	도전과극복캠프	주요업무계획	4,386
146	겨울아꿍꿍캠프	주요업무계획	3,000
147	인권특강운영	학생인권조례 31조	2,156
148	학교교육력제고(기초학력향상)	주요업무계획	1,470
149	고입체육특기자	초중등교육법시행령 69조	970
150	한일이공계학부유학생선발업무	국립국제교육원추진사업	–
151	취학아동예방접종확인사업	학교보건법10조 학교보건업무안내	–
152	학교급식 만족도 조사·관리	학교급식법 제18조 및 동법 시행령 제13조 교육부지침 학교급식기본방향	–

153	대학진학지도지원 (자기소개서설명회)	교육감지시(2015.7.)	-
154	잣향기별과함께하는가족캠프	주요업무계획	-
155	긍정어울림캠프	주요업무계획	-
156	너나들이 캠프	주요업무계획	-
157	심장질환 학생 무료검진 및 의료비 지원 연계	교육기본법 제27조, 학교보건법 제9조, 서울특별시교육청 행정기구 설치 조례 제23조 및 동 조례 시행 규칙 제42조	-
158	유치원 원아 자가시력 검진 및 수술비 지원	교육기본법 제27조, 학교보건법 제9조, 서울특별시교육청 행정기구 설치 조례 제23조 및 동 조례 시행 규칙 제42조	-
159	취약계층 희망 의료비 지원	교육기본법 제27조, 학교보건법 제9조, 서울특별시교육청 행정기구 설치 조례 제23조 및 동 조례 시행 규칙 제42조	-
160	희귀·난치성질환 학생 의료비지원	교육기본법 제27조, 학교보건법 제9조, 서울특별시교육청 행정기구 설치 조례 제23조 및 동 조례 시행 규칙 제42조	-
161	마중물캠프	주요업무계획	-
162	얼음골 고고씽캠프	주요업무계획	-
163	눈꽃열차캠프	주요업무계획	-
164	다문화대학생멘토링	다문화가족지원법 제6조 및 동법 제16조, 주요업무계획	-
165	글로벌 현장학습	교육부 특교사업	-
166	한일중고생교류 프로그램	국립국제교육원 연계 사업	-
167	EU goes to school	2017년 주요업무계획	-
168	대통령과학장학생 업무	미래창조과학부추진사업	-
169	공립유치원 교수학습활동비 지원	2017 서울유아교육지원계획	-
170	찾아가는 노동인권교실	학생노동인권증진기본계획	-
171	노동인권 상담 및 권리구제체계 구축 및 운영	학생노동인권증진기본계획	-
172	학생인권종합계획	학생인권조례 제44조	-
173	Wee 클래스 운영	학교폭력예방및 대책에관한 법률 제14조	-
174	꿈키움 멘토단 운영	학업중단 예방 및 학교밖청소년지원방안(교육부,여성 가족부)	-
175	또래상담 운영	교육부 사업	-
176	피해자 전담 Wee 센터 운영	학교폭력예방및 대책에관한 법률 제16조	-
177	학교폭력가피해학생 심리치료 지원	학교폭력예방및 대책에관한 법률 제16~17조	-

178	학교폭력피가해학생 심리치료 지원	학교폭력예방및 대책에관한 법률 제16~17조	-
179	전국기능경기대회 지원 및 기능선수반운영	기능장려법 제11조	-
180	신체활동을 통한 인성교육(소년달리다)	유관기관협력사업	-
181	롯데리아 찾아가는 야구교실	유관기관협력사업	-
182	학생건강체력평가(paps)	학교체육진흥법 제6조	-
183	학생선수 장학생 선정 및 지원	정수장학회,서울시체육회 등	-
184	정서행동특성검사검사 및 관리	학교보건법 9조, 제9조의2, 학교폭력예방 및 대책에 관한 법률 4조, 11조2, 18조2,학교건강검사규칙 제4조2	-
185	식생활교육(식습관교정체험캠프)	학교급식기본방향	-

2. 업무지원(146개 - 20.9%)

연번	사업명	사업 근거	예산 (단위:천원)
1	학교업무정상화	교육감 공약사업	36,739,138
2	사립유치원교원인건비지원	유아교육법제26조	32,663,400
3	일반고 교육역량강화	공약사업 및 교육부추진사업	22,073,520
4	서울형혁신교육지구	운영조례(2016.12.29.), 지원조례(2017.1.5.) 교육감공약사업	12,203,290
5	특성화고 NCS 교육과정 운영	교육부 연계 사업	11,260,000
6	서울형자유학기제	국정과제	10,720,040
7	중학교 사서 인건비 지원	학교도서관진흥법 제12조	10,257,793
8	중학교교육과정내학교스포츠클럽 활동 강사비지원	초·중등교육법 제23조 제①항,교육과정총론(교육부고시제2013-7호) 등	9,464,472
9	서울형혁신학교 운영	서울특별시 혁신학교 조례	9,040,000
10	학생상담활동 지원	주요업무계획	8,782,200
11	방과후학교 운영내실화 지원	주요업무계획	8,482,800
12	배움터지킴이자원봉사자	학교폭력예방및대책에관한법률	8,248,500
13	과학실험실안전관리	2016 과학·환경·영재교육 주요업무계획	7,208,800
14	전국연합학력평가 관리 및 시행	시도교육감협의회	6,321,868

15	초등(특수)스포츠강사 지원	교육부추진사업	5,908,119
16	기설특수학급운영비지원	2017 서울특수교육기본계획	4,952,000
17	사립학교 특수교육실무사 지원	2017특수교육기본계획	4,781,561
18	실험실습기자재지원	산업교육진흥및산학연촉진에관한 법률 제4조	4,592,737
19	안정과 성장 맞춤 교육과정 운영 지원	초중등교육법	4,592,549
20	예술강사 지원	문체부-교육부 협력사업	4,448,057
21	교과교실제 학교 지정 및 운영	교육부 추진사업	4,099,431
22	돌봄교실운영지원	2017 서울특수교육 운영계획	3,865,358
23	대학수학능력시험 모의평가 시행	행정권한의위임및위탁에관한규정 제22조	3,550,000
24	위탁형 대안학교 운영 지원	초중등교육법 18조, 28조	3,453,504
25	산학일체형 도제학교	2015년 산학일체형 도제학교 지원사업 공고	3,410,000
26	특성화고 취업역량강화사업	교육부 특교사업	3,003,000
27	마이스터고운영지원	초중등교육법시행령 제90조의10,한국형 마이스터고 육성 기본 계획(교육부, 2008.7.10)	2,940,000
28	자율형공립고 운영지원	초중등교육법시행령 제91조의4	1,896,900
29	특수교육지원센터 운영	장애인등에대한특수교육법제11조	1,811,185
30	서울창의인성교육센터 운영	주요업무계획	1,789,442
31	CCTV 설치 지원	학교폭력예방및대책에관한법률	1,644,131
32	과학중점고내실화지원	2016 과학·환경·영재교육 주요업무계획	1,560,460
33	협력 교육과정 거점학교	서울시고등학교교육과정편성운영지침	1,551,854
34	공영형유치원운영지원	유아교육법	1,500,640
35	중등 수석교사제 운영	초중등교육법	1,118,055
36	학교음악교육 지원사업	주요업무계획	1,100,000
37	방과후학교 운영내실화 지원_방과후학교공부방	주요업무계획	1,080,000
38	중학교교육과정내학교스포츠클럽 활동시설·교구·교통비지원	초·중등교육법 제23조 제①항,교육과정총론(교육부고시제2 013-7호) 등	967,580
39	중학교 학교폭력책임교사수업시수경감 예산지원		955,000
40	서울형 작은학교 운영 (가고싶고머물고싶은학교)	가고싶고머물고싶은학교 세부추진계획	895,670

41	중국어 원어민 보조교사 배치	교육부 국제교육협력담당관-1648(2016.0 3.14.)	889,966
42	학업중단 숙려제 프로그램 운영	학업중단 예방 및 학교밖청소년지원방안(교육부,여성 가족부)	852,800
43	일반고 직업위탁교육 운영(직업교육거점학교)	교육감 공약 연계 사업	800,000
44	토요스포츠강사 지원	교육부추진사업	760,000
45	과학고내실화지원	초중등교육법시행령 제76조의2, 제90조	754,165
46	신설특수학급운영비	2017 서울특수교육기본계획	640,000
47	일반고교생직업교육과정운영지원	일반계고 직업과정 운영계획(교육부,'99.11.4)	604,500
48	학교 내 대안교실 운영	초중등교육법 18조, 28조	580,500
49	대학진학지도지원	주요업무계획	537,524
50	초등 협력교사제 운영	교육감 공약사업	511,305
51	학교혁신일반화지원	2016 혁신학교 운영 계획	487,920
52	학교 현장체험버스 운영	서울특별시 교육지원사업	420,000
53	선진운동부육성	학교체육진흥법 제11-12조	406,000
54	초등수석교사제 운영	교육부	403,520
55	자사고 일반고전환지원(3개 세세세부사업)	일반고 전환 자사고에 대한 지원 방안	402,400
56	학교보건인턴강사		386,422
57	꽃사랑 환경 동아리	서울시협력사업	366,348
58	어울림 프로그램 운영	교육부추진사업	363,300
59	예술중점학교운영	교육부 학교예술교육활성화추진계획	325,000
60	교육과정연계 독서교육지원 →독서교육역량강화및확산	주요업무계획	320,100
61	진로직업거점학교운영	2017 서울특수교육 운영계획	273,400
62	수업지원목적저작물이용보상금	저작권법 제25조 ○ 한국저작권위원회MOU(2 011.2월), 문화체육관광부 고시(제2015-20호)	269,255
63	사립유치원단기대체교사비지원	유아교육법제26조	208,000
64	중학교스포츠클럽전담교사운영	교육부추진사업	195,264
65	세계시민교육 특별지원학교 운영	교육감 공약사업	160,700
66	체험활동등 교육활동 보조인력 인건비	2017특수교육기본계획	160,000

67	협력학교 운영	교원정책과-34185(2016.11.10.)	156,400
68	학교 흡연예방 지원센터 설치 운영	교육감 기본결재 보건복지부학교흡연예방사업기본지침	146,343
69	학교진로교육프로그램 연구학교 운영	교육부 특교사업	135,000
70	통합형 직업교육 거점학교 설치	장애인등에대한특수교육법	130,000
71	이전특수학급운영비	2017 서울특수교육기본계획	128,000
72	사회과보완도서개발	초·중등교육법 제29조, 초·중등교육법 시행령 제55조, 교과용도서에 관한 규정 제40조	124,830
73	찾아가는순회강사운영	2017 서울특수교육기본계획	120,560
74	교육과정 편성·운영 지원 (교육과정편성·운영지침개정)	초·중등교육법 제23조 제2항, 초·중등학교(교육부 고시 제2015-80호, 2015.12. 1.) 및 특수교육(교육부 고시 제2015-81호, 2015.12. 1.)	117,940
75	유치원평가	유아교육법제19조, 동법시행령제20조,제21조,제22조	113,802
76	학교생활기록부 작성 및 관리 업무	초중등교육법 제25조제①항, 교육부훈령 제29호	105,000
77	중도입국학생다문화멘토링	2017 다문화교육 지원 기본계획	100,000
78	선행교육 규제 관련 평가문항 점검	공교육정상화촉진및선행교육규제에 관한특별법	97,000
79	방과후학교 운영내실화 지원 _방과후학교지원센터운영	주요업무계획	92,052
80	일반고교육역량강화	서울특별시교육청주요업무계획	91,414
81	진로교육지원단 조직 운영	주요업무계획	87,010
82	중등 학습부진 협력강사 운영	주요업무계획	81,000
83	학교도서관 운영지원	학교도서관진흥법 제9조,11조 등	77,500
84	교육과정 편성운영지도(고)	초중등교육법 제23조	69,580
85	독서교육 인적강화 역량강화 지원 →토론및글쓰기교육활성화지원	주요업무계획	68,190
86	통합교육중점학교 운영	2017 서울특수교육기본계획	66,110
87	다문화교육지원센터운영	다문화가족지원법 제6조 및 동법 제16조, 주요업무계획	64,000
88	특수교육관련행사지원	2017 서울특수교육기본계획	61,800
89	과학행사운영지원	2017 과학·환경·영재교육 주요업무계획	60,000

90	교육과정 편성운영지도(중)	초중등학교 교육과정(교육부 고시)	59,275
91	컨설팅장학지원	교육부 유치원 교육과정 내실화 계획/서울유아교육지원계획	57,100
92	인문소양교육 활성화	주요업무계획	54,000
93	진로교육센터구축및운영	진로교육법	49,900
94	학교운영위원회	초·중등교육법, 서울특별시립학교운영위원회 구성 및 운영 등에 관한 조례	39,180
95	학교컨설팅장학지원단운영	초중등교육법제7조(장학지도)	34,888
96	평가 개선 장학 지원	초중등교육법 제7조 2014 중등 장학 계획	31,147
97	학업성적관리	초중등교육법 제25조제①항, 교육부훈령 제29호	30,527
98	교육과정내실화지원	교육부 추진 계획	29,940
99	장애인식개선 예술공연행사	2017특수교육기본계획	27,000
100	가족지원프로그램 운영	서울특별시교육청행정기구설치조례	26,136
101	교육과정지침관리	초중등교육법 제23조	22,520
102	다문화연구학교	다문화가족지원법 제6조 및 동법 제16조, 주요업무계획	20,000
103	특성화고 현장실습운영	주요업무계획	20,000
104	학교규칙(학교생활교육) 제·개정 지원	초중등교육법 및 동법시행령	17,850
105	유치원운영위원회	유아교육법 제19조 서울특별시립유치원운영위원회구성 및운영등에관한조례	17,650
106	학생징계조정위원회 운영	학교폭력예방및대책에관한법률 제11조제8항	14,490
107	초등 학생생활기록부 등 학적관리	교육부	13,100
108	대안교육지원센터운영	초중등교육법 18조, 28조	10,700
109	초등 장학지원계획 개발 보급	주요업무계획	8,260
110	직업능력개발센터운영지원	2017 서울특수교육 운영계획	5,240
111	교재교구 대여 (교재교구대여프로그램운영)	서울특별시교육청행정기구설치조례	4,850
112	특수교육운영위원회운영	장애인등에대한특수교육법제10조	3,600
113	긍정적 행동지원 운영	2016특수교육기본계획 교육부추진사업	3,200
114	무료법률상담	서울특별시교육청 무료법률상담 조례	2,640
115	특목고 운영성과평가	초중등교육법시행령 제90조 제4항,5항	1,940
116	체육교육관리(2017년 학교체육업무매뉴얼 제작)	주요업무계획	1,800

117	소규모테마형교육여행 종합지원센터 운영	교육감 공약사업, 조례	1,042
118	국제중운영성과평가	초중등교육법시행령	760
119	자율학교(국제고) 운영평가	초중등교육법시행령 제90조 제4항,5항	720
120	학교급별교구기준관리	고등학교이하각급학교설립운영규정	460
121	학교간 국제수업교류 프로젝트	2016 서울영어교육 강화추진계획	−
122	예술중점학교 운영 및 관리(컨설팅 운영)	교육부 학교예술교육활성화추진계획	−
123	교무관리시스템관리	초중등교육법 제30조제⑤항, 교육부훈령 제29호	−
124	대입전형 학생부 전산자료 온라인 제공	초중등교육법 제36조의6	−
125	컨설팅장학 운영	초중등교육법 7조	−
126	학교생활규정 점검	학교규칙(학교생활규정) 제·개정 지원에 통합	−
127	학생자치활동 우수사례집 개발 보급	초중등교육법 제17조, 주요업무계획	−
128	양성평등교육	교육기본법, 양성평등기본법	−
129	MOU 체결 관리	주요업무계획	−
130	유치원정보공시	교육관련기관의 정보공개에 관한 특례법	−
131	초중등정보공시	교육관련기관의 정보공개에 관한 특례법	−
132	학교공모사업선택제	주요업무계획	−
133	혁신지원센터운영	2016 혁신학교 운영 계획	−
134	교원행정업무경감	2016년도 교원의 교육전념 여건 조성 특별교부금 지원 계획(안)	−
135	초등 신설 개교학교 업무 지원	주요업무계획	−
136	독일어 원어민보조교사 활용지원	2016 서울영어교육강화추진계획	−
137	편입학시스템 정착지원	다문화가족지원법 제6조 및 동법 제16조, 주요업무계획	−
138	전문상담인력 관리	학교폭력예방 및 대책에 관한 법률 제16조	−
139	학생생활지도 관련 장학지도	초중등교육법	−
140	삼성법률봉사단 학교폭력 예방교육 지원사업	삼성법률봉사단과의 업무협약	−
141	양성평등교육	교육기본법 제17조의2,양성평등기본법제7조및 제9조,제1차양성평등정책 기본계획	−
142	전문상담사 운영	학교폭력예방 및 대책에 관한 법률 제14조	−

143	특별교육프로그램운영	초중등교육법 18조, 28조	-
144	학교전담경찰관제 운영		-
145	위탁형 대안학교 컨설팅 및 평가	초중등교육법 18조, 28조	-
146	학교보건인턴강사 운영	교육부 학생건강증진기본방향	-

3. 연수 지원 (79개 - 11.3%)

연번	사업명	사업 근거	예산 (단위:천원)
1	교육복지네트워크구축및연수홍보		1,361,555
2	사립에듀케어 운영 지원	주요업무계획, 서울유아교육지원계획	1,002,060
3	초등교원연수지원	교원 등의 연수에 관한 규정, 교원연수중점 추진방향(교육부)	339,532
4	교과교육연구회	서울시교육청 행정기구설치조례 시행규칙 제16조	209,240
5	수요자맞춤형연수(관리자를 위한 학교정원가꾸기, 거꾸로과학수업의 스마트한 활용, 창의성을 기르는 수학교육, 과학교육전문직 역량강화)	서울시교육청 행정기구 설치조례 시행 규칙	167,046
6	서울특별시교육감지정초·중등연구교사제	서울특별시교육규칙893호	136,104
7	진로진학상담교사 운영 및 진로교육연수	교육부 특교사업	127,800
8	공립에듀케어 신설 및 증반	주요업무계획, 서울유아교육지원계획	118,000
9	특수분야 산업체 직무연수 및 수업방법 개선 연수 운영	주요업무계획	112,400
10	초등 공모형 맞춤식 직무연수	2016 연수운영계획	105,000
11	2016 중등 학교와 함께 만들어가는 맞춤식 직무연수	2016 연수운영계획	105,000
12	수학과학과 우수교사 국내대학 위탁연수	2016 과학·환경·영재교육 주요업무계획	94,660
·13	사이버연수	서울특별시교육청행정기구설치조례	93,260
14	교원, 학부모 정보통신윤리교육 연수	국가정보화기본법 제30조의 8(인터넷중독관련교육)	88,230
15	정서행동 및 보건교육 컨설팅	학교보건법 9조,제9조의2, 초중등교육법 7조	82,200
16	세계시민교육 학습동아리 운영	교육감 공약사업	80,000

17	중학교교육과정내학교스포츠클럽 활동 강사 연수	교육부추진사업	77,440
18	원격직무연수	서울시교육청 행정기구 설치조례 시행 규칙	73,380
19	소규모테마형교육여행 안전요원 직무연수	교육부 추진 사업	69,668
20	신규 및 통합학급 담당교원 연수	2017 서울특수교육기본계획	66,000
21	인권교육활성화연수	학생인권조례 31조	62,700
22	유치원 교원 연수 지원 유치원수석교사역량강화직무연수	주요업무계획, 서울유아교육지원계획, 교육부 유아교육정책과-3718(2016.08.02.)	62,571
23	영재교육연수	서울시교육청 행정기구 설치조례 시행 규칙	51,574
24	학교급식 관계자 연수	학교급식법 시행령 제15조, 서울특별시교육청 행정기구 설치 조례 시행규칙 제43조	49,006
25	중등 과학과 1급(정)교사 자격연수	서울시교육청 행정기구 설치조례 시행 규칙	44,228
26	첨단과학교육연수(초중등천체망 원경활용,첨단기자재활용,전자현 미경활용,드론의 원리와 비행실습,3D프린팅활용)	서울시교육청 행정기구 설치조례 시행 규칙	43,330
27	학교급식 관계자 조리실습교육	학교급식법 시행령 제15조, 서울특별시교육청 행정기구 설치 조례 시행규칙 제43조	43,030
28	개정교과서활용연수	교육과정	43,000
29	학교보건 분야 연수	교육기본법 제27조, 학교보건법 제9조 및 제9조의2, 서울특별시교육청 행정기구 설치 조례 제23조 및 동 조례 시행규칙 제42조	37,080
30	진로교사배치교학교장특별연수	교육부 특례사업	34,400
31	특수학교(급) 교원전문성신장 연수	2017 서울특수교육기본계획	33,216
32	일반학급교사연수	서울특별시교육청행정기구설치조례	31,740
33	초등학교 체육전담교사 확대 연수	교육부추진사업	31,680
34	융합인재교육 지도자료 개발·보급	서울시교육청 행정기구 설치조례 시행 규칙	31,620
35	에듀케어직무연수	주요업무계획, 서울유아교육지원계획	28,226
36	종합수련교육직무연수(60시간)	주요업무계획	27,900

37	특수분야직무연수	서울특별시교육청행정기구설치조례	27,100
38	학교관리자 안전교육 실시	서울특별시 교육안전 기본 조례	26,000
39	초등 전문직 연수	주요업무계획	25,840
40	중등전문직 연수	교육부 인성체육예술교육과	25,340
41	세계시민교육 교원직무연수	교육감 공약사업	20,000
42	전임코치연수	국민체육진흥법제11조,학교체육진흥법제12조	20,000
43	교과전문성신장연수(중등과학교 과전문성향상, 초등과학수업역량강화)	서울시교육청 행정기구 설치조례 시행 규칙	19,440
44	문화협정 제2외국어교사 연수	2016 서울 제2외국어교육 내실화 추진계획	19,000
45	해양수련교육직무연수	주요업무계획	17,263
46	정보교사 역량강화 연수	교육부·미래부, 'SW중심사회를 위한 인재양성 추진계획'(2015. 7. 21.)	16,840
47	학교 보건교사 역량강화 연수	학교보건법	15,000
48	학교급식 관련 교육자료 개발·보급	학교급식법 시행령 제15조, 서울특별시교육청 행정기구 설치 조례 시행규칙 제43조	14,600
49	기초학력 향상 교원 직무연수	주요업무계획	14,398
50	소집단수련교육직무연수	주요업무계획	13,987
51	학교 화장실관리인 교육 실시	서울특별시교육청 화장실 관리 조례	12,950
52	정서행동특성검사검사 담당자 연수	교육감 공약 2-4-나	10,120
53	겸임관리자연수	교육부 유아교육정책과-3718(2016.08.02.)	8,500
54	[학생체육관]초등체육직무연수(60시간,1회)	교육감공약연계사업:28.교사의 치유와 성찰, 전문성 향상 지원	7,776
55	안전 및 생명존중 교육 연수	주요업무계획	6,770
56	[학생체육관]중등체육직무연수(30시간,2회)	교육감공약연계사업:28.교사의 치유와 성찰, 전문성 향상 지원	6,250
57	과학(생물)학습 자료 공급	서울시교육청 행정기구 설치조례 시행 규칙	5,630
58	봉사활동 담당 교원연수	공약 사업	5,500
59	세계시민교육 선도교사 역량강화	교육감 공약사업	4,900
60	신규 보건교사 멘토링 운영	교육부 학생건강증진기본방향	4,752
61	노동인권교안개발	서울특별시학생인권조례	3,800
62	학교보건담당자 연수	학교보건법 제9조, 서울특별시교육청 행정기구 설치 조례 제23조 및 시행규칙 제42조	3,790

63	북경시교육위원회 초청 자매도시 중국어 연수	서울특별시교육청과 북경시교육위원회 간 교육 교류 확대에 관한 업무협약서 2017년 주요업무계획	3,500
64	진로직업연구회지원	2017 서울특수교육 운영계획	3,200
65	[학생체육관]중등체육직무연수(60시간,1회)	교육감공약연계사업:28.교사의 치유와 성찰, 전문성 향상 지원	3,000
66	특수교육보조인력 연수	2017특수교육기본계획	2,484
67	수련활동·소규모테마형교육여행 운영 안내 연수	주요업무계획, 교육과정	2,400
68	협력형 컨설팅을 통한 유치원 수업방법개선연구교사제	주요업무계획, 서울유아교육지원계획	1,920
69	유아교육사 및 자원봉사자 연수 운영 (체험교육프로그램연수)	서울특별시교육청행정기구설치조례	1,512
70	다문화가정대상국가와의 교사교류사업	교육부 연계 사업	−
71	프랑스 교사초청파견사업 (프랑스교사초청사업)	서울특별시교육청과 파리시교육청 간 교육 교류 협력에 관한 양해각서	−
72	개인정보보호 관리시스템 운영	개인정보보호법 제24조(고유식별정보의 처리 제한) ③	−
73	사이버 보안 진단의 날 운영	국가정보보안 기본지침 제16조(사이버보안진단의날) 및 서울특별시교육청 정보보안 기본지침 제12조 (사이버보안 진단의 날)	−
74	초등컨설팅장학지원단연수	교육과정	−
75	두산연강재단 교사 해외 경제시찰 연수대상자 추천	두산연강재단주관	−
76	대안교육 동계직무연수	초중등교육법 18조, 28조	−
77	전문상담교사 장학	학교폭력예방 및 대책에 관한 법률 제17조	−
78	전문상담인력 연수	학교폭력예방 및 대책에 관한 법률 제15조	−
79	위탁형 대안학교 업무담당자 워크숍	초중등교육법 18조, 28조	−

4. 시설 지원 (21개 - 3%)

5. 모니터링 (8개 - 1.1%)

6. 학부모 지원 (4개 - 0.6%)   -〉 4~6은 본문에 전체 소개됨

7. 기타 (93개 - 13.3%)

연번	사업명	사업 근거	예산 (단위:천원)
1	전국연합학력평가 총 주관교육청 및 출제	시도교육감협의회	6,321,868
2	대학수학능력시험 시행	행정권한의위임및위탁에관한규정 제22조	5,024,285
3	학교흡연예방사업	교육기본법 제27조, 학교보건법 제7조, 보건복지부 지침	4,414,478
4	서울시교육감배학교 스포츠클럽대회	학교체육진흥법 제6조	2,938,178
5	학력인정문해교육프로그램	평생교육법 제39조, 제40조	1,718,700
6	전국소년체육대회	국민체육진흥법제9조,학교체육진흥법 제6조	1,331,730
7	전국체육대회	학교체육진흥법 제6조	700,850
8	학교홈페이지구축운영	주요업무계획	666,640
9	산업분야별 특성화고 운영	초중등교육법제91조, 주요업무계획	618,000
10	인정도서심사	교과용도서에 관한 규정	555,688
11	직업기초능력평가	교육부 연계 사업	531,000
12	자사고 입학전형관리	초중등교육법시행령제77조,82조,92 조	476,782
13	혁신교육미래연구소운영	서울특별시 행정기구 설치 조례 시행규칙 제15조	410,950
14	특수교육교수학습지원 (꿈맛무지개학교)	장애인등에 대한 특수교육법시행령10조	330,735
15	전국학교스포츠클럽대회	교육부추진사업	258,000
16	서울교육종단연구	서울교육 효과성 제고를 위한 서울교육종단연구 추진안(2010.3. 서울시교육청 기획예산담당관)	256,482
17	외고, 국제고 자기주도학습전형 등 지원 및 운영	특수목적고등학교의지정및운영에관한 훈령제16조	255,674
18	초등안심서비스지원	주요업무계획	222,400
19	범죄예방환경설계(CPTED) 운영	교육부추진사업	220,000
20	방과후학교 사회적협동조합 시범학교 운영	교육감 공약사업	201,250
21	학생자치모델학교운영	교육감 공약사업	200,000
22	남산탐구학습관 운영	서울시교육청 행정기구 설치조례 시행 규칙	169,490
23	서울소년체육대회	국민체육진흥법제9조,학교체육진흥법 제6조	148,339
24	국가수준학업성취도 평가	초중등교육법 제9조①항	143,397
25	특수교육대상자 선정 진단평가	장애인등에대한특수교육법제14조	132,000

26	영재교육원운영	서울시교육청 행정기구 설치조례 시행 규칙	108,603
27	교육기부지원	2016주요업무계획(정책기획담당관- 11399,2015.12.8)	105,844
28	서울스마트체험관운영	주요업무계획	95,125
29	서울교육포털시스템운영	주요업무계획	93,876
30	특성화고입학시스템구축	주요업무계획	91,212
31	(환경위생 일반점검)학교환경위생 통합관리(공기질)	학교보건법 제4조, 학교보건법 시행규칙 제3조, 서울특별시교육청 행정기구 설치 조례 제23조 및 시행규칙 제42조, 서울시교육청 2014학년도 학교보건 업무 안내	83,605
32	디지털자료실지원센터운영	주요업무계획	78,600
33	몽골교육정보화지원	2016 정보화교육 계획	72,700
34	학교급식 식중독균 검사	학교급식법 제19조, 동법시행령 제14조 및 동법 시행규칙 제9조	66,858
35	우즈베키스탄교육정보화지원	2016 정보화교육 계획	61,800
36	특성화고 및 마이스터고 신입생 모집 지원	초중등교육법, 초중등교육법시행령	57,540
37	교육감배교직원체육대회(배구, 탁구,배드민턴,테니스)	국민체육진흥법 제10조(직장체육의진흥), 주요업무계획	56,000
38	심폐소생술 교육장 운영	학교보건법제9조2	52,604
39	화해와평화로가는통일교육프로 그램지원	주요업무계획 통일교육지원법제8조	51,400
40	특성화고등학교홍보	주요업무계획	50,000
41	학교급식 식재료 시장조사	서울특별시교육청 행정기구 설치 조례 시행규칙 제43조	49,050
42	전국동계체전	학교체육진흥법 제6조	48,150
43	유치원유아모집선발지원	유아교육법	47,100
44	영양체험관 운영	학교급식법 제13,14조, 서울특별시교육청 행정기구 설치 조례 시행규칙 제43조	46,406
45	생태학습관 운영	서울시교육청 행정기구 설치조례 시행 규칙	44,945
46	천문대운영	서울시교육청 행정기구 설치조례 시행 규칙	42,299
47	학교체육진흥위원회 운영	학교체육진흥법 제16조	35,720
48	(환경위생 일반점검)학교환경위생 통합관리(수질)	학교보건법 제4조, 학교보건법 시행규칙 제3조, 서울특별시교육청 행정기구 설치 조례, 제23조 및 시행규칙 제42조, 서울시교육청 2014학년도 학교보건 업무 안내	30,000
49	신축학교 환경위생 지도점검	학교보건법 제4조, 학교보건법 시행규칙 제3조, 서울특별시교육청	27,842

		행정기구 설치 조례 제23조 및 시행규칙 제42조, 서울시교육청 2014학년도 학교보건 업무 안내	
50	정서행동특성검사검사 및 관리	교육감 공약 2-4-나	26,231
51	수련활동·소규모테마형교육여행 현장점검	교육부 추진 사업	24,000
52	SailingProjectCamp(서울)	주요업무계획	20,082
53	야영협력학교운영비지원	주요업무계획	16,000
54	텃밭조성 및 식생활교육지원	학교급식기본방향	14,550
55	선행교육규제법 시행관련 총괄 업무	공교육정상화 촉진 및 선행교육 규제법	14,000
56	신설과목심의	초중등학교 교육과정(교육부 고시)	13,100
57	(환경위생 일반점검)유치원환경위생 표본점검	학교보건법 시행규칙 제6조, 서울특별시교육청 행정기구 설치 조례, 제23조 및 시행규칙 제42조, 서울시교육청 2014학년도 학교보건업무 안내	12,171
58	특수교육대상자신입생배치	장애인등에대한특수교육법 제15조, 제17조	11,611
59	자율학교등 지정·운영·평가	초·중등교육법시행령 제105조	10,880
60	대학진학정보교류	서울-제주교육청 MOU체결	9,406
61	진로교육 실천사례 연구발표대회	연구대회 관리에 관한 훈령(교육부 훈령 제145호, '15.8.28) 교육부2016년진로교육실천사례연구 발표대회추진계획(교육부진로교육정 책과-822,2016.3.17.)	7,680
62	초등 교육실습 협력학교 운영	주요업무계획	7,180
63	사교육비 경감 대책 수립	주요업무계획	6,900
64	심폐소생술 교구대여	학교보건법 제9조 및 제9조의 2	6,500
65	식중독 예방 위기경보 시스템 운영	서울특별시교육청 행정기구 설치 조례 시행규칙 제43조	6,080
66	학교보건운영위원회	학교보건법 제17조	5,940
67	전국 50대교육과정 우수유치원 선정	교육부국가시책사업	5,796
68	인성교육실천사례연구발표대회	연구대회 관리에 관한 훈령(교육부 훈령 제145호, '15.8.28) 교육부2016년진로교육실천사례연구 발표대회추진계획(교육부진로교육정 책과-822,2016.3.17.)	5,660
69	고입전형 관리	초중등교육법시행령제77조,82조,91 특수목적지정운영에관한훈령제 16,17조	5,000

70	학교안전강화사업(어린이통학차량 안전관리시스템 유지보수)	2017. 교육부 국가시책사업계획(2차)	5,000
71	학교 감염병 발생 예·경보제 운영	학교보건법 제14조의3(감염병예방대책의 마련 등)	5,000
72	교육연구논문공모제	주요업무계획	4,730
73	초등교육과정편성운영지침	교육과정	4,600
74	야영천체관측교실운영	주요업무계획	4,500
75	중등장학자료개발	교육감공약연계사업:28.교사의 치유와 성찰, 전문성 향상 지원	4,460
76	초등장학자료개발	주요업무계획	3,760
77	조기진급등에관한업무	조기진급등에 관한 규정	–
78	고입 사회통합전형 운영	초중등교육법시행령제79조, 제91조의3, 특수목적고등학교의지정및운영에관한 훈령제17조	–
79	서울학교급식포털 운영	서울특별시교육청 행정기구 설치 조례 시행규칙 제43조	–
80	선진형학교운동부운영연구시범 학교	연구학교에관한규칙(교육부령제2013 -1호)	–
81	흡연, 음주, 약물오남용 예방교육	학교보건법 제9조	–
82	스포츠행복지수(GSQ) 측정	주요업무계획	–
83	센터관리체제구축 및 운영	서울특별시교육청행정기구설치조례제 17조5항	–
84	하계교육가족캠프	주요업무계획	–
85	마을방과후학교 시범운영	교육감공약 마을방과후학교운영업무협약(2016.1 1.17.)	–
86	서울교육통계조사및연보발간	통계청 승인번호 제33401호	–
87	2016 성과평가	정부업무평가기본법	–
88	회복적 생활교육 모델학교 운영	교육감공약이행사업	–
89	학교폭력 실태조사	학교폭력예방및대책에관한법률 제11조제8항	–
90	공사립대안학교 운영 지원	초중등교육법 18조, 28조	–
91	학교 성폭력 사안처리 업무	주요업무계획	–
92	감염병예방관리사업 (크리스마스씰포함)	학교보건법11조,14조의3 결핵예방법25조	–
93	어린이놀이시설관리	어린이놀이시설안전관리법	–

8. 불필요 (164개 - 23.4%)

연번	사업명	사업 근거	예산 (단위:천원)
1	원어민 영어보조교사 배치	2016 서울영어교육 강화추진계획	18,429,750
2	영어회화 전문강사 배치	초중등교육법 제42조제5항	16,147,032
3	중학교 협력종합예술활동	문화예술진흥법	3,179,100
4	대한민국 행복교육 박람회 (대한민국 미래교육 박람회)	교육부 추진 계획	3,000,000
5	우리학교 고운색 입히기	교육청-서울시 협력사업	1,300,000
6	초등CCTV 통합관제센터 운영	학교폭력예방및대책에관한법률	1,049,936
7	EBS 영어교육방송 지원	교육부 교육과정정책과-1951(2016.03.28.)	713,000
8	진로활동실 구축 및 운영 지원	교육부 시책 사업(진로교육법, 조례 제6조)	662,200
9	영어교사 심화연수	교육부 교육과정 정책과-722(2016.02.25.)	549,940
10	행복한 수학교육	교육부추진사업	538,000
11	우리학교역사의벽(Wall) 함께만들기	교육감 공약사업	478,340
12	(과학)영재학교운영	영재교육진흥법제6조	465,000
13	체육중점학교운영	교육부추진사업	450,000
14	전국 학교예술교육 페스티벌	교육부추진사업	406,000
15	서울미래학교설립및운영	서울미래학교 설립 추진계획(2014. 2. 4. 교육감 결재)	384,282
16	체육중점학급운영	교육부추진사업	380,000
17	다문화예비학교 운영	다문화가족지원법 제6조 및 동법 제16조, 주요업무계획	364,000
18	사이버가정학습운영 (꿀맛닷컴운영)	주요업무계획	351,878
19	ICT 융합예술콘텐츠 개발	교육부추진사업	300,000
20	7560+운동 선도학교 지원	교육부추진사업	300,000
21	북방지역기술교육협력	서울시교육청과해당국의양해각서	258,800
22	마을결합형학교	초중등교육법 제23조 2항 교육감공약사업	255,620
23	특성화고 교과용 인정도서 개발	주요업무계획	250,000
24	지역유아교육협력네트워크	주요업무계획, 서울유아교육지원계획	245,000

25	교육과정 운영(역사교육 활성화)	역사교육기본계획	242,900
26	수상교육활성화(수상안전및하이다이빙)	교육부추진사업	200,000
27	과학창의력교실	서울시교육청 행정기구 설치조례 시행 규칙	193,870
28	다문화중점학교	다문화가족지원법 제6조 및 동법 제16조, 주요업무계획	190,000
29	진로체험 지원전산망(꿈길)운영	교육부 시책 사업	183,000
30	중2혁신자유학년제 운영	주요업무계획	178,150
31	체험중심의 세계시민교육 운영	교육감 공약사업	170,000
32	글로벌브릿지사업	다문화가족지원법 제6조 및 동법 제16조, 주요업무계획	168,000
33	융합과학체험마당	서울시교육청 행정기구 설치조례 시행 규칙	148,600
34	토론이 있는 교직원 회의	주요업무계획	130,400
35	유아교육프로그램개발연구	서울특별시교육청행정기구설치조례	122,340
36	TEE 인증제	2016 서울영어교육 강화추진계획	120,600
37	문화예술중심창의감성학교	2015 학교문화예술교육 중장기 발전계획(TFT안보고)2015.08.26.	116,320
38	사회적경제 교육자료 보급	서울특별시교육청 사회적경제기업 제품 구매 촉진에 관한 조례 제11조	116,070
39	SW교육 연구, 선도학교운영	교육부·미래부, 'SW중심사회를 위한 인재양성 추진계획'(2015. 7. 21.)	113,000
40	"교학상장"(교사와 학부모가 함께하는 동아리)프로그램 운영 지원	평생교육법 제29조, 서울시교육청 평생교육 활성화 조례 제16조	110,000
41	서울독서교육지원본부 운영	주요업무계획	108,656
42	지구별 통합 협의회 운영 (평화로운학교문화조성)	○ 2016년도 학생 생활교육 내실화 계획(학생생활교육과-1735, 2016.02.04.)	101,000
43	독도공연관람	주요업무계획	100,000
44	교수학습자료제작 및 보급	서울특별시교육청행정기구설치조례	99,500
45	협력적 인성교육	인성교육진흥법	99,000
46	과학환경영재교육 연구학교 업무	2017 과학·환경·영재교육 주요업무계획	90,000
47	SW교육 연수운영	교육기본법 제23조(교육의 정보화)	90,000
48	예술드림학교	교육부추진사업	90,000

49	지역연계 예술교육 시범교육지원청	교육부추진사업	88,000
50	예술교육거점(연구)학교	교육부추진사업	70,000
51	꿀박사운영	주요업무계획	68,905
52	창의인성수업연구회	2016년 특별교부금 국가시책사업 지원계획	63,000
53	창의체험배움터네트워크운영	2016창의감성교육배움터네트워크운 영계획(교육혁신과-6747,2016.4.8)	62,900
54	초등교육과정연구학교 운영	연구학교운영에 관한규정	60,250
55	무한상상실(메이커 스페이스) 구축	교육부 추진사업	60,000
56	학생체력향상 지원	교육부추진사업	60,000
57	초3지역화교과서 재구성 지원	교육과정	57,640
58	영재교육내실화지원	영재교육진흥법제3조	57,520
59	영재교육선발도구개발	영재교육진흥법시행령제12조	56,100
60	연극동아리	교육부추진사업	51,000
61	영상자료제작지원	주요업무계획	50,600
62	디지털교과서 연구 및 희망학교 운영	교육부 디지털교과서 개발 및 활성화 계획(이러닝과-545, 2016. 2. 11.)	50,000
63	협력적 평가 방법 개선 지원	주요업무계획	47,516
64	동부수학창의력교실	서울시교육청 행정기구 설치조례 시행 규칙	44,839
65	노동인권매뉴얼및교재개발	서울특별시학생인권조례	42,700
66	멀티미디어제작실 운영	서울특별시교육청행정기구설치조례	41,320
67	프랑스 아틀리에 운영 지원	교육기본법 제29조 서울특별시교육청과 파리시교육청 간 교육 교류 협력에 관한 양해각서, 2016년 주요업무계획	40,000
68	교원존중풍토 조성을 위한 교원문화예술 지원사업	교육부 연계	39,060
69	연구유치원 운영	교육부령제1호	35,000
70	학교급식 박람회	학교급식기본방향	35,000
71	동아시아 평화교과서 발간	교육감 공약사업	34,600
72	학교 건강증진실 (쑤욱쑤욱건강자람터) 운영 지원	학교보건업무안내	34,100
73	통일교육(나라사랑) 연구학교 운영	연구학교운영계획	34,000

학교가 학교답게 되려면 교육청은 어떻게 바뀌어야 할까?

74	교원존중풍토 조성을 위한 교원문화예술 지원사업 (미술, 음악)	교육부 연계	33,600
75	서울-북경체육교류대회	서울시교육청-북경시교육위원회 교육교류협력 양해각서(1994.06.17.)	31,950
76	교육과정편성운영지도(초)	교육과정	30,536
77	영재교육담당교원전문성신장	영재교육진흥법 12조3	30,000
78	식생활교육(식습관교정체험캠프)	학교급식기본방향	29,029
79	지역단위 보건교육 연구회	교육부 학생건강증진기본방향	27,360
80	영재교육담당교원전문성신장 (온라인추천에대한담당교사에대한안내연수)	영재교육진흥법 12조3	27,200
81	서울시와의 학생안전 7대 사업 추진	서울시와의 업무협약	26,180
82	체험위주안전교육시범학교운영	교육부 추진사업	24,000
83	아름다운학교생태정원가꾸기 지원단	서울시협력사업	21,600
84	창의적체험활동자료개발	2017년 특별교부금 국가시책사업 지원계획	21,600
85	세계시민교육 교육과정 개발	교육감 공약사업	21,400
86	한국도서해외기증사업	- 2017년 주요업무계획	21,000
87	창의체험배움터홈페이지	주요업무계획	20,000
88	장학자료개발	주요업무계획, 서울유아교육지원계획	20,000
89	선진형학교운동부 지원	교육부추진사업	20,000
90	학생자치네트워크활성화	학생인권조례 37조	19,640
91	영재상담프로그램 운영	영재교육진흥법제3조	19,000
92	특색있는 세계시민교육 운영	2017 세계시민교육 기본계획	17,600
93	감염병 담당자 전달 연수	학교보건법	16,900
94	교원통일안보연수	교육부추진사업 통일교육지원법제8조	16,200
95	학교 감염병 포털 운영	학교보건법 제14조의3 (감염병예방대책의 마련 등)	15,400
96	학교 보건교사 약물오남용 예방 연수	학교보건법	15,000
97	세계시민교육 네트워크 구축	교육감 공약사업	14,900
98	노동인권교육(산업안전 및 근로기준법)	교육감 공약 연계 사업	14,400

99	수련교육협력학교운영	주요업무계획	14,200
100	질문이 있는 교실 교원 연수	주요업무계획	13,434
101	저출산·고령사회정책	저출산 고령사회 기본법, 2016-2020 제3차 저출산·고령사회 기본계획	13,050
102	서울학생상 운영	2016학년도 학생자치활동 활성화 지원 계획	12,450
103	소규모테마형교육여행연구학교	연구학교에관한규칙(교육부령제2013-1호)	12,000
104	Open house 프로그램 운영	2017년 주요업무계획	11,110
105	학교폭력예방 교육자료 개발	○ 2016년도 학생 생활교육 내실화 계획(학생생활교육과-1735, 2016.02.04.)	10,850
106	여학생스포츠기자단	주요업무계획	10,631
107	오케스트라 향연	교육감 지시사항	10,600
108	e-school 연구학교	교육부추진사업	10,000
109	특수교육정책자료발간및홍보	2017 서울특수교육기본계획	9,280
110	예술교과연구회	교육부추진사업	9,000
111	체육교과연구회 지원	교육부추진사업	9,000
112	[학생체육관]초등체육수업연구발표회	교육감공약연계사업:28.교사의 치유와 성찰, 전문성 향상 지원	8,910
113	특수분야연수기관운영관리	교원 등의 연수에 관한 규정, 교원연수중점 추진방향(교육부)	8,747
114	학교안전평가단 운영	서울특별시 교육안전 기본 조례	8,580
115	전통식문화계승선도학교 운영	학교급식기본방향	8,570
116	영재교육담당교원전문성신장 (영재학급및영재교육원운영교사를대상으로하는영재교육운영을 설명하는워크숍)	영재교육진흥법 12조3	8,300
117	서울학생사회참여발표대회	교육감 공약사업	8,260
118	학교보건운영(책자 발간)	2016년도 교육부 학생건강증진 기본방향	7,500
119	헌법교육 교원연수	주요업무계획	6,360
120	아름다운학교생태정원가꾸기 운영 사례집	서울시협력사업	6,000
121	중등장학자료 개발	○ 초중등교육법시행령 제8조 ○주요업무계획	5,820
122	청소년단체실천사례발표대회	주요업무계획	5,260
123	장애학생 정보화대회	2017특수교육기본계획	5,200

124	학교교육력제고 유공교원 및 가산점 부여업무	교육청 추진사업	4,360
125	교육정보화연구대회	교육부 연계사업	3,616
126	학생 봉사활동 지원협의회 구축·운영	학생봉사활동운영계획	2,700
127	영재교육 컨설팅단운영	영재교육진흥법제3조	2,200
128	환경교육체험프로그램운영지원	2017 과학·환경·영재교육 주요업무계획	1,680
129	학교체육연구대회	연구대회관리에 관한 훈령	1,200
130	특기지도연구대회	학교체육업무메뉴얼	1,000
131	수학여행수련교육우수학교및유공자표창	주요업무계획, 교육과정	440
132	계기교육운영지도	초중등학교 교육과정(교육부 고시)	–
133	종교교육지도	초중등학교 교육과정(교육부 고시)	–
134	서울외국어교육포털운영	2016 서울영어교육 강화추진계획	–
135	귀국학생 특별학급 지원	초중등교육법 시행령 제19조	–
136	과학의날기념 표창 업무	미래창조과학부추진사업	–
137	학교보건우수교(유공자)표창업무	교육부 학생건강증진 기본방향, 서울시교육청 학교보건업무 안내	–
138	1학교 1문화예술브랜드	주요업무계획	–
139	예술꿈 버스	주요업무계획	–
140	교과용도서개발지원	초중등학교 교육과정(교육부 고시)	–
141	대한민국인재상 업무	교육부 연계 사업	–
142	교육지원청학교혁신지원	2016 혁신학교 운영 계획	–
143	올해의 과학교사상 대상자 추천 업무	미래창조과학부추진사업	–
144	유치원 교육활동 공모(바깥놀이 활동)	교육감 공약이행계획 2016서울유아장학지원계획	–
145	초등 중간놀이 시간 확대 운영	주요업무계획	–
146	신발주머니불편해소	주요업무계획	–
147	학교교육력제고(수업방법개선)	주요업무계획	–
148	기초학력 향상 교사 동아리 운영	교육부지원사업	–
149	우등상 수여 및 후원명칭 사용 승인	교육부	–
150	생활평점제(상벌점제)	주요업무계획	–
151	학생인권홍보	학생인권조례 30조	–

152	시의회 견학 학생현장체험학습 지원	주요업무계획	-
153	인권페스티벌		-
154	노동인권 권리보장 홍보사업	학생노동인권증진기본계획	-
155	학교폭력피해학생 맞춤형교육지원	학교폭력예방및 대책에관한 법률 제16~17조	-
156	변호사 명예교사제	서울지방변호사회와의 업무협약	-
157	교원 상담역량 강화 연수	주요업무계획	-
158	무단결석전담기구운영	초중등교육법 제13조	-
159	직업교육선진화 연구대회	주요업무계획	-
160	성교육 연구시범학교 운영	교육부 추진사업	-
161	학생금연학교운영		-
162	성인권교육 학교 운영	유관기관협력사업	-
163	기초체력 우려학생(4~5등급) 건강체력교실 운영	학교체육진흥법 제9조	-
164	자율건강클럽	유관기관협력사업	-

학교가 학교답게 되려면 교육청은 어떻게 바뀌어야 할까?